Experimentar Deus
A transparência de todas as coisas

Dados internacionais de Catalogação na Publicação (CIP)
(Câmara Brasileira do Livro, SP, Brasil)

Boff, Leonardo
   Experimentar Deus : a transparência de todas as coisas / Leonardo Boff. 2. ed. – Petrópolis, RJ : Vozes, 2012.

   Bibliografia.

   2ª reimpressão, 2023.

   ISBN 978-85-326-2461-1

   1. Deus – Adoração e amor 2. Deus – Existência 3. Presença de Deus 4. Vida cristã I. Título

10-117700   CDD-230.6

Índices para catálogo sistemático:
1. Deus: Teologia dogmática cristã   230.6

Leonardo Boff

Experimentar Deus

A transparência de todas as coisas

© by Animus / Anima Produções Ltda.
Caixa Postal 92.144 – Itaipava
25741-970 Petrópolis, RJ

Direitos de publicação em língua portuguesa:
2010, 2002 Editora Vozes Ltda.
Rua Frei Luís, 100
25689-900 Petrópolis, RJ
www.vozes.com.br
Brasil

Todos os direitos reservados. Nenhuma parte desta obra poderá ser reproduzida ou transmitida por qualquer forma e/ou quaisquer meios (eletrônico ou mecânico, incluindo fotocópia e gravação) ou arquivada em qualquer sistema ou banco de dados sem permissão escrita da editora.

CONSELHO EDITORIAL

Diretor
Volney J. Berkenbrock

Editores
Aline dos Santos Carneiro
Edrian Josué Pasini
Marilac Loraine Oleniki
Welder Lancieri Marchini

Conselheiros
Elói Dionísio Piva
Francisco Morás
Gilberto Gonçalves Garcia
Ludovico Garmus
Teobaldo Heidemann

Secretário executivo
Leonardo A.R.T. dos Santos

Diagramação: AG.SR Desenv. Gráfico
Capa: Adriana Miranda

ISBN 978-85-326-2461-1

Edição original em língua portuguesa
Atualidade da experiência de Deus, 1974

Esta obra foi inicialmente publicada pela Verus Editora, em 2002.

Este livro foi composto e impresso pela Editora Vozes Ltda.

Sumário

Introdução, 7

1. Como aparece Deus no processo de vida-morte-ressurreição da linguagem, 9

   a) A montanha é montanha: saber-imanência-identificação, 10

   b) A montanha não é montanha: não saber-transcendência-desidentificação, 11

   c) A montanha é montanha: sabor-transparência-identidade, 12

2. Mate as imagens, e Deus aparecerá, 15

   a) Deus totalmente outro: transcendência, 17

   b) Deus radicalmente íntimo: imanência, 21

   c) Deus através de todas as coisas: transparência, 23

3. Que é ex-peri-ência?, 31

4. A experiência típica do nosso mundo moderno, 37

5. Como aparece Deus no mundo da tecnociência, 41

6. Como aparece Deus na moderna cosmologia, 49

7. Como aparece Deus no mundo oprimido da América Latina, 57

8. Como Deus emerge na caminhada pessoal, 71
   a) Deus como experiência da bondade e do sentido radical da vida, 74
   b) Deus como experiência do vazio da vida, 77
   c) Deus como experiência da plenitude da vida, 78

9. A experiência cristã de Deus, 85
   a) A experiência de Deus de Jesus de Nazaré, 87
   b) A revelação da natureza íntima de Deus como comunhão de Pessoas na experiência de Jesus, 103

10. A experiência de Deus na vida religiosa, 115
    a) O *cantus firmus*: a memória de Deus e de Jesus Cristo, 115
    b) Deserto como busca do paraíso, 117
    c) A consagração religiosa como expressão da radicalidade da experiência de Deus, 118
    d) Experiência de Deus na fraternidade, 119
    e) Experiência de Deus na inserção no mundo do pobre e do excluído, 120

Conclusão, 125

Livros de Leonardo Boff, 127

Introdução

O presente texto retoma um escrito produzido em 1974. Muitas coisas mudaram na vida do autor e muitas outras temáticas ocuparam seu interesse, especialmente o alargamento da Teologia da Libertação para dentro da preocupação ecológica. Pobres e Terra gritam porque estão sendo oprimidos. Pobres e Terra devem ser libertados juntos, pois constituem uma única e complexa realidade. O que não mudou, entretanto, foi a busca da experiência de Deus. Ela é o cerne da fé viva e pessoal e o conteúdo principal da teologia, independente de suas tendências e correntes.

Experimentar Deus não é pensar sobre Deus, mas sentir Deus com a totalidade de nosso ser. Experimentar Deus não é falar de Deus aos outros, mas falar a Deus junto com os outros.

O texto atual foi profundamente revisto, modificado e completado. Praticamente representa uma obra nova. O interesse dele reside em criar espaço para que cada um possa fazer sua experiência de Deus.

Para encontrarmos o Deus vivo e verdadeiro a quem podemos entregar o coração, precisamos negar aquele Deus construído pelo imaginário religioso e aprisionado nas malhas das doutrinas. Depois de termos mergulhado em Deus e de tê-lo sentido nascendo de dentro de nosso coração, poderemos, livremente, re-assumir o imaginário e as doutrinas. Elas se despem de sua pretensão de definir Deus e se transfiguram em metáforas com as quais nos acercamos do Mistério para não sermos queimados por ele.

Embora sem nome adequado, Deus arde em nosso coração e ilumina nossa vida. Então não precisamos mais crer em Deus. Simplesmente sabemos dele porque o experimentamos.

Petrópolis, Festa de São João Batista 2002.

1
Como aparece Deus no processo de vida-morte-ressurreição da linguagem

Partimos da constatação de que vigora uma vasta crise das imagens de Deus nas religiões, nas igrejas e nas sociedades contemporâneas. Alguns apressados proclamaram logo a morte de Deus. Outros tentam superar a crise elaborando imagens mais modernas e adequadas à nossa percepção atual da realidade. Não representa tal procedimento mero trabalho substitutivo, mantendo a estrutura da crise, pois não rompe com o mundo das imagens? Mas há os que procuram pensar a partir de uma instância mais originária do que as imagens: a existência humana, histórica, aberta e dinâmica, onde, de fato, transparece o Mistério, a dimensão de imanência e a de transcendência, isto é, aquilo que chamamos Deus. No início de tudo está o encontro com Deus, não ao lado, dentro ou acima do mundo, mas juntamente com o mundo, no mundo e através do mundo. Deus somente é real e significativo para o ser humano se emergir das profundezas de sua própria experiência no mundo com os outros. Por ser real e significativo, apesar de ser Mistério, ganha um nome; pro-jetamos imagens dele; construímos re-presentações. E a forma como concretizamos nossa experiência. Mas é nesse processo que se arma um grave problema: Que valor dar às imagens? Como se relacionam com Deus? Podemos dispensar as imagens? Os homens religiosos que acumularam experiências com a intimidade de Deus poderão nos ajudar. Ao testemunharem Deus, usando o recurso da linguagem e do imaginário, eles afirmam, negam e voltam a afirmar[1]. Traçaram-nos um caminho de três passos, que queremos também percorrer.

A) A montanha é montanha: saber-imanência-identificação

Num primeiro momento da experiência de Deus, sob o impacto do encontro, damos nomes a Deus: chamamo-lo de Senhor, de Pai, de Mãe, de Pedra, de Santo. A palavra está a serviço do que experimentamos de Deus. Fixamos uma representação. Inicialmente não temos ainda consciência de que se trata apenas de uma representação daquilo que não pode ser representado. Deus é Pai bondoso ou Mãe de infinita ternura; em nível de experiência, temos a ver com uma realidade compacta e não meramente figurativa. Sabemos sobre Deus por uma ciência experimental, possível de ser traduzida por um discurso já sofisticado da argumentação filosófico-teológica. Aqui se elaboram conceitos e uma lógica minuciosa dos meandros do mistério divino e de sua comunicação ao universo e aos seres humanos. Deus é identificado com os conceitos que dele fazemos. Ele habita nossos conceitos e nossas linguagens. Elaboramos doutrinas sobre Deus e sobre o mundo divino, doutrinas

---

1. BOFF, L. *O evangelho do Cristo cósmico*. Petrópolis: Vozes, 1970, p. 57-63.

que se encontram nos vários credos e nos catecismos. Com tal procedimento tentamos encher de sentido último e pleno nossa vida. Deus pode ser encontrado na intimidade do coração. Com Ele podemos falar, rezar, cair de joelhos, levar nossos queixumes e esperar sua graça e salvação. A montanha é montanha, Deus-Pai-e-Mãe de infinita ternura.

B) A montanha não é montanha: não saber-transcendência-desidentificação

Num segundo momento da experiência de Deus, damo-nos conta da insuficiência de todas as imagens de Deus. Tudo o que dele dizemos é figurativo e simbólico. Ele está para além de todo nome e desborda de todo o conceito. Deus é simplesmente transcendente. Vale dizer, Ele rompe todos os limites e está para além de todos os confins. Sempre e sempre. Talvez tenhamos passado por uma profunda crise. Os marcos referenciais de nosso agir religioso começaram a vacilar. Como compreender Deus-Pai ao lado da violência cósmica das galáxias que se engolem, das devastações que dizimam grande parte do capital biótico da Terra ou simplesmente face ao drama de nossos amigos inocentes que foram presos e torturados barbaramente por causa de suas convicções libertárias? Como conciliar a bondade de Deus Mãe com a esposa amada que foi seviciada, diante do marido preso, até ser morta? Deus é Pai materno ou Mãe paterna, mas um outro Pai e uma outra Mãe. Não é um maior, mas um diferente.

Começamos a questionar todas as nossas representações. Pode surgir uma teologia da morte de Deus: decreta a morte de todas as palavras referidas ao Divino, porque elas mais escondem do que comunicam Deus. Não sabemos mais nada; desidentificamos Deus das coisas que dizemos dele. Por aí entendemos o lema dos mestres zen: "Se encontrares o buda, mata-o". Se encontrares o buda, não é o Buda – é apenas sua imagem. Mata a imagem para estares livre para o encontro com o verdadeiro Buda. Algo semelhante notamos nos grandes mestres espirituais do cristianismo, especialmente em São João da Cruz, que se mostrava hostil às visões, aos êxtases e a todas as formas de experiências especiais[2]. Deus não é encontradiço entre e ao lado das coisas deste mundo. Se o encontrarmos aí, então encontramos um ídolo e não o Deus vivo e verdadeiro que está sempre para além dos sentidos corporais e espirituais. A montanha não é montanha: Deus-Pai não é Deus-Pai como nossos pais terrestres o são.

C) A montanha é montanha: sabor-transparência-identidade

Num terceiro momento da experiência de Deus, reabilitamos as imagens de Deus. Após tê-las afirmado (A), tê-las negado (B), agora criticamente nos reconciliamos com elas. Assumimo-las como imagens e não mais como a própria identificação de Deus. Compreendemos que nosso acesso a Deus só pode ser feito através das imagens. Começamos a saboreá-las porque estamos livres diante delas. Elas são os andaimes, não a construção, e as acolhemos como andaimes. Não pretendemos nenhuma ciência sobre Deus; saboreamos a sabedoria de Deus

---

2. MERTON, T. *Zen e as aves de rapina*. São Paulo: Cultrix, p. 74.

que se revela através de todas as coisas. Tudo pode se tornar transparente a Ele, porque tudo é figurativo. Figurativo de quê? De Deus, de sua sabedoria, de seu amor, de sua bondade e de sua misericórdia, etc. Mas isso só é possível se tivermos passado pelo primeiro e segundo momentos, quando nos tivermos libertado da simples "sabedoria da linguagem" (1Cor 1,17) e quando tivermos já passado pela "doutrina da cruz" que destrói a ciência dos cientistas (1Cor 1,18-23). Então não nos preocupamos mais com os antropomorfismos, porque sabemos que tudo o que dissermos de Deus é antropomorfo. Mas Deus pode ser antropomorfo (à imagem do homem) porque o homem é teomorfo (à imagem de Deus)[3]. Tudo é simples. Nada há para se refletir. Basta ver, mas ver em profundidade. Deus, sem se confundir com as coisas, está presente nelas, porque as coisas são – para quem vê em profundidade – trans-parentes. É a verdade do panenteísmo. Por essa palavra queremos dizer: tudo está em Deus, embora nem tudo seja Deus; bem como Deus está em tudo, embora Deus não seja tudo. Junto com o Criador está a criatura, vinda dele, mas diferente dele.

Quem chegou a este terceiro momento não deixa nada fora; assume tudo, porque tudo é revelação de Deus. "Quem é o Tao?", perguntou certa feita um discípulo ao mestre zen. E este respondeu: "É a mente diária de cada um." "Que é a mente diária de cada um?", tornou o discípulo. Ao que o mestre concluiu: "Quando fatigados, dormimos; quando temos fome,

---

3. Cf. a fundamental obra de KUITER, H.M. *Coll in Menschengestalt* – Eine dogmatisch-hermeneustische Studie über die Anthropomorphismen der Bibel. Munique: Kaiser Verlag, 1967.

comemos"⁴. Para quem percebe que Deus está em todas as coisas, tudo é manifestação do dom que é Deus, da gratuidade que é seu amor. Essa simplicidade reconduz todas as coisas, boas e más, para a sua unidade em Deus. A partir disso Paulo podia admoestar os romanos que oferecessem a vida como hóstia viva, santa e agradável a Deus, pois nisso consiste o verdadeiro sacrifício (cf. Rm 12,1); quem dá, dê com simplicidade; quem preside, presida com solicitude; quem pratica a misericórdia, faça-o com alegria (cf. Rm 12,8); quer comamos, quer bebamos, quer façamos qualquer coisa, que seja feito tudo para a glória de Deus (cf. 1Cor 10,31). Quem experimentou o mistério de Deus não pergunta mais: vive simplesmente a transparência de todas as coisas e celebra o advento de Deus em cada situação.

A experiência de Deus não se dá apenas neste terceiro momento do sabor. Ela é uma experiência total que inclui o saber, o não saber e o sabor. Importa não fixar-se em nenhum deles. O terceiro momento torna-se novamente primeiro e inicia o processo onde os nomes de Deus são afirmados, negados e reassumidos. Todo esse per-curso constitui a experiência concreta, dolorosa e gratificante de Deus. Ele se dá e se retrai continuamente; se re-vela e se vela em cada momento porque Ele será sempre o Mistério e o nosso eterno Futuro.

---

4. Contado por SUZUKI, D.T. In: MERTON, T.Op. cit., p. 124.

2
Mate as imagens, e Deus aparecerá

A partir das reflexões que fizemos sobre os três passos no acercamento de Deus pelo caminho das imagens, de sua crítica e seu resgate, ficou claro que falar em experiência de Deus hoje é já assumir uma postura crítica dentro da crise geral de nossas representações sobre o mistério de Deus. Épocas houve em que os homens faziam uma verdadeira experiência de Deus simplesmente colocando-se em contato vital com as doutrinas tradicionais formuladas pela religião e sancionadas pela sociedade. Nessa mediação viviam o imediato do mistério de Deus e enchiam de sentido a existência.

Nossa época se caracteriza por uma suspeita geral contra todos os discursos que tentam traduzir o definitivamente importante e o radicalmente decisivo da vida humana. A crítica colocou em xeque todas as nossas ideias sobre Deus. Ela ganhou corpo nas famosas críticas feitas pelos mestres da suspeita – Freud, Marx e Nietzsche –, pela secularização, pela desmitologização, pela tentativa de tradução secular dos conceitos religiosos, pela teologia da morte de Deus, pelo esforço de desmascaramento da função ideológica assumida pelas religiões, a fim de justificar o *status quo* social ou para preservar, nos países mantidos no subdesenvolvimento, um tipo de sociedade injusta e discriminatória da urgência da revolução; ganhou corpo também na crítica às Igrejas carismáticas e populares que obedecem à lógica do mercado e veiculam uma religião mais como entretenimento que apelo à conversão e à interiorização.

Face a esta crise generalizada, não são poucas as vozes que admoestam: "Paremos um pouco. No âmbito do pensamento-raiz, façamos economia da palavra Deus. Guardemos silêncio. Experimentemos aquele Mistério que circunda e penetra nossa existência. Só a partir disso tentemos balbuciar-lhe um nome que não será o seu nome, mas o nome de nosso amor e de nossa reverência Àquele que é o Sem-Nome e o Inefável". Não era outra coisa que pedia um fino poeta e místico cristão italiano, David Turoldo, em seu poema "Para além da floresta": "Irmão ateu, nobremente empenhado na busca de um Deus que eu não sei te dar, atravessemos juntos o deserto! De deserto em deserto, andemos para além da floresta das diferentes fés, livres e nus rumo ao Ser nu. Ali onde a palavra morre, encontrará nosso caminho seu fim".

O esforço do nosso ensaio sobre a experiência de Deus se orienta na busca do sentido originário da palavra *Deus*, encoberto sob muitos nomes e fossilizado nas doutrinas sobre Deus. Para nos situarmos na via da experiência de Deus, precisamos conscientizar o trabalho desconstrutivo já operado em nossa civilização concernente a todas as ideias e representações sobre Deus. Não superamos a crise das imagens de Deus criando novas e, pretensamente, mais adequadas ao espírito do tempo. Isso apenas perpetua a crise porque, ingenuamente, assume-se aquela estrutura geradora de imagens de Deus que a crise precisamente quer questionar. Essa estrutura é a vontade de sempre procurar imagens melhores sem sair desta lógica de substituição de umas imagens por outras. Não devemos identificar aquela força originária que está aquém e além das imagens, força que nos coloca no encontro vivo com Deus e que está sempre na origem de todas as imagens? Essa é a questão fundamental. Portanto, não é fugindo da crise para o mundo anterior a ela que superaremos a crise, mas entrando dentro dela e radicalizando-a ainda mais até identificarmos a experiência originária de Deus. Entretanto, tenhamos desde o início uma perspectiva correta: como não se combatem imagens de Deus com outras imagens, assim também não se processa a experiência de Deus negando sistematicamente todas as representações de Deus. Devemos atravessá-las e assim superá-las. Em outras palavras, importa mais falar a Deus do que falar sobre Deus. Mais que pensar Deus com a cabeça é preciso sentir Deus com o coração. E o que significa experimentar Deus. Como se fará isso? Eis o desafio que pretendemos abordar em nosso texto.

A) Deus totalmente outro: transcendência

As pessoas que verdadeiramente experimentam Deus sempre testemunharam: Ele é *superior summo meo*, Deus é superior a tudo o que podemos imaginar. E o Totalmente Outro que mora numa luz inacessível (cf. 1Tm 6,16). Ele está na inteligência, mas desborda toda a capacidade da inteligência. Por isso é mistério. Não como um enigma que, conhecido, desaparece. Mas como mistério essencial que sempre habita e desafia o conhecimento. Quanto mais o conhecemos, tanto mais permanece mistério no conhecimento. Por que isso? Porque *Deus é sempre maior*. Dizia admiravelmente Santo Agostinho: "Por mais altos que sejam os voos do pensamento, Deus está ainda para além. Se compreendeste, não é Deus. Se imaginaste compreender, compreendeste não Deus, mas apenas uma representação de Deus. Se tens a impressão de tê-lo quase compreendido, então foste enganado por tua própria reflexão"[1]. Deus é absolutamente transcendente a todas as coisas existentes e possíveis. Isso quer dizer: Ele ultrapassa todos os limites e vai além de qualquer horizonte real e possível. Embora presente e perpassando tudo, não pode ser retido nas malhas de nenhuma presença concreta. Ele as viola e vai além. Por outra parte, exatamente por ser transcendente em cada concreção, a Ele nunca vamos nem dele jamais saímos. Sempre estamos nele. Embora dentro, Ele está para além de tudo.

O problema surge quando o ser humano começa a representar a transcendência de Deus ou o Deus do mistério e o mistério de Deus. Deus transcendente é representado como o Deus acima do mundo e, o que é pior, fora do mundo. É um Deus sem o mundo. O mistério vem representado como um enigma a ser decifrado. Para o místico, o mistério é um acontecimento a ser acolhido com total disponibilidade. E como tal não está em oposição à inteligência. Como dizíamos, pertence ao mistério ser conhecido mais e mais. Mistério que vem repre-

---

1. Sermo 52, n. 16: PL 38. 360. Cf. SANTO AGOSTINHO. *De Trinitate.* lib, 8, cap. 8, n. 12: "Putas quid est Deus? Putas qualis est Deus? Quidquid finxeris, non est; quidquid cogitatione comprehenderis, non est. Sed ut aliquid gustu accipias, Deus caritas est. Caritas est qua diligimus".

sentado como enigma começa a significar aquilo que não pode ser alcançado pela razão. Então se envia Deus ao exílio da razão. Aparece como o limite da razão, quando, na verdade, ele é o ilimitado da razão.

Representado como totalmente fora do mundo, Deus de fato não seria experimentável. Ele é feito objeto da revelação, a irrupção dentro do mundo daquele que está fora do mundo. Então Ele revela verdades e representações de si. Segundo tal compreensão, crer é crer em verdades sobre Deus. Deus se transforma em puro objeto da fé intelectual, fé que nada sente de Deus, mas que adere a Ele num total despojamento e na assunção de doutrinas e representações acerca de Deus.

Esse Deus está muito próximo do Deus do deísta. "O deísta é um homem que não teve ainda tempo de se tornar ateu"[2] porque separou o mundo de Deus. Deus é antes uma projeção do homem do que o nome do Mistério que tudo penetra. Diante de um Deus representado como distante, acima e fora do mundo, ninguém cai de joelhos, não junta as mãos, não abre o coração para a intimidade amorosa, não chora, não canta nem dança.

Essa representação da Transcendência nos impede de valorizar a encarnação de Deus em Jesus Cristo. Não é um Deus que se abaixa com profunda simpatia para com o ser humano. Não assume a nadidade humana. Mas conserva, contrariamente ao que diz São Paulo (cf. Fl 2,6-7), sua majestática e transcendente divindade. Então representamos Jesus Cristo, Deus-encarnado, como aquele que sabe tudo desde o ventre materno, que sabia de sua morte desde o início da vida e que sabia cada

---

2. LUBAC, H. de. *Sur les chemins de Dieu*. [s.l.]: Aubier, 1956, p. 203.

passo de seu caminho. Destarte, a encarnação, como os evangelhos no-la apresentam, vem pulverizada de sua densidade profundamente humana. Não se entende então por que Jesus Cristo pôde ser verdadeiramente tentado, porque "embora fosse Filho teve de aprender a obedecer pelo sofrimento" (Hb 5,8). Esta representação da transcendência divina como distância do mundo tem consequências desastrosas para a vida de fé. Por um lado estão as experiências da vida e do mundo; por outro, a adesão às verdades abstratas sobre Deus sem se estabelecer um nexo entre elas. A fé, ao invés de surgir do coração da vida, é sobreposta a ela. A Igreja comparece então como uma instituição centralizada na defesa do depósito de verdades reveladas e na proclamação de princípios morais distantes da concretez da existência. Não raro terrorizam mais os fiéis e fazem a vida ainda mais triste, ao invés de liberá-la para a entrega generosa e total do homem ao mistério de Deus.

A pregação de um Deus sem o mundo teve como consequência o surgimento de um mundo sem Deus. O ser humano não resistiu a esse dualismo que faz violência à vida. Rompeu com essa mal representada transcendência proclamando, como no aforismo 125 de *A Gaia Ciência* de Nietzsche: "Anuncio-vos a morte de Deus. Nós o matamos, você e eu. Todos somos assassinos". Na verdade, Nietzsche não prega a morte de Deus, mas a falsa transcendência que nos leva a fazer representações de Deus e confundir, ingenuamente, a representação com Deus. Dando morte às imagens de Deus, abrimos espaço para a experiência do Deus vivo e verdadeiro, do Mistério inefável e sensível ao coração. O ateísmo negador das representações de Deus oferece, portanto, a chance de uma verdadeira experiência de Deus. Ele habita em nossas representações, mas está, também e sempre, para além e aquém delas.

B) Deus radicalmente íntimo: imanência

A fé vivenciada sempre expressou Deus como Aquele que está mais íntimo a nós do que nós a nós mesmos: *intimior intimo meo*. Deus está de tal maneira no coração de todas as coisas que, em tudo o que pensamos, em tudo o que vemos e tocamos, tocamos, vemos e pensamos atemática e irreflexamente a Deus. Nada, nem o próprio inferno, é obstáculo à sua inefável presença.

O problema surge quando tentamos representar a permanência de Deus e identificamos a representação com a presença de Deus. Deus está verdadeiramente presente em tudo, mas não aniquila nem substitui o mundo com suas coisas. Cada qual possui sua legítima autonomia e consistência. Entretanto, há uma forma de imaginar a atuação de Deus no mundo como se Deus fora uma causa segunda como as demais causas imanentes deste mundo. Concebemos a Palavra de Deus ao modo das palavras humanas. A vontade de Deus como a vontade humana, o amor e a justiça de Deus como o amor e a justiça humanas. É uma concepção epifânica de Deus pela qual pensamos ver Deus *diretamente* em tudo. Nessa representação não se deixa o mundo ser mundo. Não há lugar para uma história humana. Tudo é assumido diretamente por Deus. Deus se transforma num fenômeno do mundo. Ele vem representado como o Ente supremo, infinito, criador do céu e da terra. E um Ente ao lado, dentro e no coração dos demais entes, embora seja infinito e onipotente. Possui todos os atributos positivos dos entes, mas em grau infinito. Porque é um Ente, acredita-se, pode ser experimentado em termos de visões, audições e consolações interiores. Mas estamos diante de uma ilusão. O que experimentamos não é Deus, mas nossas imagens de Deus.

Essa compreensão antropomórfica de Deus teve consequências eclesiológicas e políticas profundas. A lei divina vem entendida no mesmo nível que a lei humana. A doutrina revelada e as instituições divinas são compreendidas no mesmo horizonte das doutrinas e instituições humanas. Essas identificações se prestaram à manipulação, por parte dos detentores do poder e da interpretação ortodoxa, em favor da situação estabelecida. O único Mistério de Deus se desdobrou em muitos mistérios de fé. A única Palavra de Deus foi fracionada em muitas palavras divinas das Escrituras. Certo tipo de teologia apresentou a Vontade de Deus parcelada em inúmeras leis, dogmas, qualificações, cânones, ordenações, preceitos cada vez mais minuciosos consoante as necessidades da vida.

De repente, porém, o fiel começou a perguntar: Será que Deus e sua salvação são tão complicados? Tudo isso não é apenas linguagem humana para traduzir o único Mistério de Deus que não pode ser identificado com os antropomorfismos de nossa linguagem? Deus está realmente por todas as partes, mas não é um fenômeno captável como os demais fenômenos intramundanos. Deus é Mistério que sempre se dá, mas também se retrai; sempre se revela, e ao mesmo tempo se vela; sempre se comunica, mas não se confunde com o mundo. À concepção epifânica (manifestação direta), que colocava Deus como um fenômeno no mundo, devemos opor uma concepção teológica que usa mediações, sinais e símbolos. Deus está no mundo, mas também para além dele. A razão (logos) vê Deus através da realidade do mundo e não diretamente nele mesmo. Daí necessitar-se de reflexão, da séria afirmação do mundo, visto então como itinerário da mente para dentro de Deus, título de um livro místico de São Boaventura: *Itinerarium mentis in Deum*.

A diluição de Deus dentro das categorias do mundo trouxe como resultado uma negação nova de Deus. Deus não é uma categoria do poder, da justiça e do amor humanos que pode ser manipulada para manter a situação privilegiada de alguns ou para revolucionar essa situação. A religião pode se tornar de fato ópio do povo quando confunde Deus e as coisas divinas com as instituições e verdades religiosas. "Ó Deus! Vós não sois senão o amor –, mas vós sois um outro amor! Vós não sois senão a justiça –, mas vós sois uma outra justiça", rezava um dos maiores teólogos católicos franceses do século XX[3]. A negação do Deus antropomorfo cria a condição da possibilidade da experiência do Deus vivo e verdadeiro que está no mundo, mas não se esgota no mundo. No transcendentalismo se afirmava a Deus e se negava o mundo; no imanentismo se nega a Deus e se afirma o mundo. Podemos afirmar tanto a Deus quanto o mundo? Esse é o desafio que nos cabe enfrentar e resolver.

C) Deus através de todas as coisas: transparência

As reflexões acima deixaram claro: a afirmação exclusiva da transcendência de Deus levou a negar o mundo imanente. A afirmação exclusiva da imanência de Deus no mundo condu-

---

3. Ibid., p. 124-125.

ziu à negação de Deus transcendente. É que imanência e transcendência são feitas categorias opostas excludentes. Aplicadas a Deus, deviam levar à negação ou o mundo ou de Deus. Como sair desse impasse?

Deus não é só transcendente nem é só imanente. Ele é também transparente. Como diz São Paulo: "Há um só Deus Pai de todos, que está acima de tudo [transcendente], por tudo [transparente] e em tudo [imanente]" (Ef 4,6).

Existe uma categoria intermédia entre a transcendência e a imanência: a transparência. Ela não exclui, mas inclui. Ela participa de ambas e se comunica com ambas. Transparência significa a presença da transcendência dentro da in-manência. Em outras palavras, significa a presença de Deus dentro do mundo e do mundo dentro de Deus[4]. Essa presença transforma o mundo de meramente in-manente em trans-parente para a trans-cendência presente dentro dele. O mundo não é negado, mas afirmado. Contudo, ele não é apenas mundo; é o lugar e a própria manifestação emergente daquilo que é mais do que mundo, isto é, do Trans-cen-dente, de Deus. Bem o disse Teilhard de Chardin: "O grande mistério do cristianismo não é exatamente a Aparição, mas a Trans-parência de Deus no universo. Oh! sim, Senhor, não só o raio de luz que passa roçando, mas o raio que penetra. Não vossa Epi-fania, Jesus, mas vossa Dia-fania"[5].

---

4. Sobre a problemática filosófica das categorias imanência, transcendência e transparência, cf. BOFF, L. Das Sakramentale Denken: Legitimität und Grenzen einer sakralen Denkweise. In: *Die kirche als Sakrament im Horizont der Wellerfahrung*. Paderborn: [s.e.], 1972. p. 123-181.
5. *Le Milieu Divin.* Paris: [s.e.], 1957, p. 162.

Deus emerge, aparece através do homem e do mundo. Estes se tornam então trans-parentes para Deus. Deus é real e concreto, porque não vive acima e fora do mundo, mas no coração do mundo para além dele; dentro, mas sem se exaurir aí e se tornar uma peça do mundo. Porque Deus deixou de ser vivido dentro do mundo é que foi fossilizado numa representação que o situava fora do mundo. O próprio mundo não está abandonado a si mesmo nos espaços infinitos que se expandem na medida em que o universo se autocria e se distende. Ele é ancorado em Deus. É, poderíamos com certa ousadia dizer, o corpo visível de Deus.

De que forma todas as coisas são transparentes para Deus? Como se dá a união do mundo e de Deus, sem confundir Deus com o mundo e o mundo com Deus e sem se negarem mutuamente? Qual é a dimensão originária que nos impede de criarmos objetivações negadoras de Deus e negadoras do mundo?

Já acenamos anteriormente que é pelo panenteísmo. O panenteísmo (filologicamente significa "tudo em Deus e Deus em tudo"), que não dever ser confundido com o panteísmo, afirma a autonomia de ambos os polos – Deus e mundo –, mas os coloca um em presença do outro, numa completa inter-retro-relação (semelhante ao que ocorre entre as três divinas Pessoas da Santíssima Trindade, chamada pela teologia técnica de *pericórese* ou *circuminsessão*). Aqui reside, exatamente, o fundamento da transparência.

Mas como aparece, em termos de experiência concreta, a verdade do panenteísmo, da mútua presença Deus-mundo? A dimensão originária que abre esse espaço e que nos impede de objetivarmos Deus para um além distante ou de um aquém opaco e mundano é a historicidade do ser humano. Importa entender bem o que seja historicidade, pois embutido nela se encontra aquilo que chamamos de imanência e transcendência. A historicidade surge quando entendemos o processo que passaremos a descrever.

O ser humano se descobre numa situação histórica, datada, pessoal, social e ecologicamente definida, sempre junto com outros no mundo, situação face à qual se sente desafiado a tomar posição e a assumir decisões e destarte a constituir-se como pessoa. Ele é o único ser da criação que não nasce pronto. Tem que se construir e plasmar seu destino interferindo no mundo e se relacionando com os outros. Ao assumir radicalmente essa situação concreta, experimenta de fato quem ele é: um ser mergulhado no mundo e nas várias estruturas e conjunturas, mas também um ser capaz de elevar-se permanentemente acima delas, de rebelar-se contra elas, de questioná-las, de elaborar alternativas a elas e de fazer opções que o definem definitivamente. Ele pode ser uma galinha que cisca o chão de seu cercado como pode ser uma águia que ergue voo e ganha as alturas. Essa sua decisão significa existencialmente realização ou frustração, felicidade ou desgraça, salvação ou perdição. A in-manência é a situação dada. A transcendência é a ultrapassagem dela. Elas se encontram unidas no mesmo ser humano concreto. A imanência que aí emerge e a transcendência que aí se anuncia não são entidades existentes em si mesmas, como coisas que estão-aí. Absolutamente. In-manência e trans-cendência são dimensões da realidade humana concreta e histórica. A esse processo unitário e complexo chamamos de historicidade.

Deus só possui um significado real se Ele emergir de dentro dessa situação histórica concreta do ser humano; se Ele se manifestar como o Sentido radical de sua vida e a Luz pela qual vê a luz.

O Deus do qual testemunham as Escrituras judaico-cristãs é o Deus que irrompe dentro da história humana, com as características delineadas acima. Não podemos, a rigor, fazer sobre Ele uma ciência, como se Ele fosse um objeto fixo, cujo comportamento podemos descrever. A função mais importante da ciência é prever o comportamento futuro dos objetos que são estudados. Se as previsões não se cumprem consoante a teoria científica, é sinal de que a teoria estava equivocada e assim não havia ciência certa.

Não podemos prever a intervenção de Deus. Daí não podermos enquadrar Deus nos moldes de nosso paradigma científico. A rigor não se poderia fazer nenhuma teologia. Se ainda assim ousamos fazer teologia, que pretende ser o logos sobre Deus, é porque nos sentimos empurrados pela nossa sede de saber que não exclui nada e ninguém de nossa curiosidade. Mas o fazemos na consciência de que nossas palavras são simbólicas e metafóricas. Mais negamos do que afirmamos, quando tentamos balbuciar algo consistente acerca de Deus. Ademais, nos damos conta – e isso o mostra a história da humanidade desde os seus primórdios há milhões de anos – de que um mistério cerca a nossa existência. Esse mistério que se dá na história foi chamado por mil nomes e resumido no nome Deus. O Deus testemunhado, por exemplo, pelas Escrituras do Primeiro e do Segundo Testamento, é apresentado como um Deus histórico. Ele acompanhava as vicissitudes do povo, em pátria ou no exílio. E aí surgia como a

Presença concretíssima (é o que significa em hebraico Javé), o Caminho, a Pedra, a Luz, a Força, o Companheiro de caminhada, o Santo, o Futuro absoluto, etc.[6] À luz dessa leitura de Deus como revelação na história, podemos compreender os velhos textos da fé, escritos durante mais de dois mil anos por aquele povo que tentou sempre descobrir a Deus escondido sob todos os eventos que vivia: o povo de Israel. Só assim a vida e a história se tornam para ele transparentes.

Um Deus vivido assim não é uma ideia que paira sobre a história, o termo de um raciocínio teórico que pudesse ser alcançado independentemente da vida concreta do ser humano ou do povo. Pensar assim seria recair na problemática das representações estáticas, seja de trans-cendência, seja de in-manência que criticamos antes. Deus é a Suprema Realidade que surge quando a pessoa radicaliza, quer dizer, vai até à raiz da realidade histórica que vive. História aqui não é a recitação dos fatos passados, mas a dimensão na qual a pessoa ou toda uma coletividade vive, luta, confronta-se, decide-se e constrói um caminho pessoal ou coletivo. Na radicalidade dessa dimensão emerge Deus como Vida da vida e Força na caminhada. Quem é esse Deus? Isso só sabemos quando nos abrimos a Ele e nos arriscamos a experimentá-lo.

Tais afirmações não soam como uma bela teoria ao lado de outras? Para deixar de soar como teoria, deve ser reconduzida àquela dimensão na qual se vive: a experiência. Na experiência, teoria e práxis se casam e vivem juntas numa unidade funda-

---

6. REHM, M. *Das Bil Gottes im Allen Testament.* Würzburg: [s.e.], 1951. • EICHRODT, W. *Das Gottesbild des Alien Testament.* Stuttgart: [s.e.], 1956.

mental. A teoria não é mais abstração ideia vazia. Ela é explicitação da práxis e a comunicação dela. A práxis não é movimentação irracional, mas busca a realização de sentido. É na experiência radical da realidade que Deus emerge na consciência do ser humano. É pela experiência de Deus buscado e encontrado no coração da experiência do real que este se torna transparente e se transfigura num grande sacramento comunicador de Deus. Como articular essa experiência?[7]

---

7. Cf. alguns textos de maior valor: RAHNER, K. "Gotteserfahrung heute". *Schriften zur Theologie* IX. Zurique/Colônia, 1970, p. 161-176. • KASPER, W. Möglichkeiten der Gotteserfahrung heute. In: *Glaube und Geschichte*. Mainz: [s.e.], 1970, p. 120-158. • SCHUPP, F. "Gotteserfahrung in der Säkularität. Diagnosen der Studien von Glauben und Theologie". *ZKTh 91*, 1969, p. 493-500. • EBELING, G. *Gott und Wort*. Tübingen, 1966 [s.n.t.]. • VV.AA. *Wer ist eigenllich-Goll?* Munique, 1969 [SCHULTZ, H.J. (org.)]. • VV.AA. *Zerbrochene Gottesbilder*. Friburgo/Basel/Viena: [s.e.], 1969. • GADAVSKY, V. *Gott ist nicht ganz tot*. Munique: [s.e.], 1970. • SCHILLEBEECKX, E. *Interpretation de la fé*. Salamanca: [s.e.], 1973. • MOUROUX, J. *L'expérience chrétienne* – Introduction à une théologie. Paris: [s.e.], especialmente p. 13-36. • MOREL, G. *Problèmes actuels de religion*. Paris: [s.e.], 1968. • LÉGAUT, M. *L'homme à la recherche de son humanité*. Paris: Aubier, 1971, p. 145-210. • Id. *Introduction à l'intelligence du passé et de l'avenir du christianisme*. Paris: Aubier, 1970, p. 157-188. • LADRIÈRE, J. *L'articulation du sens*. Paris: [s.e.], 1970, p. 191-242. • DEWART, L. *O futuro da fé*. São Paulo: [s.e.], 1970, p. 229-241. • SCHULTZ, C. "Expérience of God Today?" *Monastic Studies 9*, 1972, p. 7-22. • ZILLES, U. "Experiência de Deus em Teresa de Ávila e hoje". *Estudos 31*, 1971, p. 53-63. • PUNTEL, B.L. "Deus na teologia hoje". *Perspectiva Teológica 1*, 1969, p. 15-24 [o melhor estudo de todos quantos aqui se citaram]. • ALMEIDA, L.M. "A experiência fundamental de Deus". *Cadernos Beneditinos 11*, 1973, p. 5-26. • GOMES, G.F. "Experiência de Deus e monaquismo hoje". *Cadernos Beneditinos*, op. cit., p. 27-49. • VAZ, H. "A experiência de Deus". *Grande Sinal 27*, 1973, p. 483-498. • BOFF, L. & BETTO, Frei. *Mística e espiritualidade*. Rio de Janeiro: Rocco, 1994. • BOFF, L. *Espiritualidade*: caminho de realização. Rio de Janeiro: Sextante, 2001. • BOFF, L. Resgate da mística e da espiritualidade. In: *A voz do Arco-íris*. Brasília: Letraviva, 2000, p. 145-204. • LELOUP, J.-Y. *A montanha no oceano* – Meditação e compaixão no budismo e no cristianismo. Petrópolis: Vozes, 2002. • GUTIÉRREZ, G. *Beber do próprio poço* – Itinerário espiritual de um povo. Petrópolis: Vozes, 1985. • CASALDÁLIGA, P. & VIGIL, J.M. *Espiritualidade de libertação*. Petrópolis: Vozes, 1994.

3
Que é ex-peri-ência?

A palavra *experiência* é uma das mais discutidas e difíceis de nossa tradição ocidental. Não poderemos aqui desdobrar todo o leque de seu rico significado[1]. Restringir-nos-emos à perspectiva essencial que nos permite articular Deus como experiência dentro de nossa história pessoal e coletiva.

Talvez a etimologia da própria palavra *ex-peri-ência* nos forneça a primeira achega à sua compreensão. *Ex-peri-ência* é a ciência ou o conhecimento (ciência) que o ser humano adquire quando sai de si mesmo (ex) e procura compreender um objeto por todos os lados (peri). A experiência não é um conhecimento teórico ou livresco. Mas é adquirido em contato com a realidade que não se deixa penetrar facilmente e que até se opõe e resiste ao ser humano. Por isso em toda a experiência existe um quociente forte de sofrimento e de luta.

Ao apropriar-se da realidade, domesticando-a, o ser humano aprende. A experiência resulta do encontro com o mundo,

---

[1]. FOULQUIÉ, P. *Dictionaire de la Langue Philosophique.* Paris: [s.e], 1962, p. 255-260. • KESSLER, A.S.; SCHOPF, A. & WILD, C. Erfahrung. In: *Handbuch philosophischer Grundbegriffe.* Vol. 2. Munique: [s.e.], 1973, p. 373-386. • KASPER. Op. cit., p. 124-133.

num vai e vem incessante, encontro que nos permite construir e também destruir representações que havíamos recebido da sociedade ou da educação. O encontro é sempre enriquecedor, pois suscita nossa fantasia, fornece materiais para novas conexões, base para representações e ideias diferentes acerca da realidade. O conhecimento que resulta desse embate é precisamente o que chamamos de experiência. Ela constitui uma riqueza que só quem passou por ela pode comunicar. Ela lhe confere au-tor-idade, precisamente a autoridade de uma pessoa experimentada. O saber é um saber veri-ficável que se fez verdade concreta e vital. Abertura, despojamento de preconceitos e de ideias-feitas são condições indispensáveis à experiência. Fechar-se à experiência é negar-se ao questionamento, à chance de enriquecimento e revela atitude dogmática e fundamentalista, portanto, manifesta um saber não veri-fícável, que não sub-siste nem re-siste em contato com a realidade experimentada.

A ciência que resulta da *ex-peri-ência* não é mera sensação de um objeto. É a síntese de toda uma série de abordagens do objeto (*peri:* "ao redor de", "em torno de"). Já Aristóteles notara muito bem que a experiência (*empeiría*) não resulta de uma percepção isolada, mas constitui uma síntese de muitas percepções e combinações reunidas, naquilo que possuem de comum, dentro de um modelo esquemático (Met. 980b). Pela experiência o objeto se faz cada vez mais presente dentro de quem quer conhecer, na medida em que ele se abre mais e mais ao objeto e o estuda de diferentes ângulos. Um médico experimentado é aquele que se confrontou muitas vezes com a mesma doença sob os mais diferentes sintomas, sob formas e circunstâncias as mais diversificadas a ponto de não mais se surpreender ou se enganar. Ele conhece simplesmente. Não tanto porque estudou em livros – isso também –, mas porque esteve às voltas, concretamente, com a doença e conheceu-lhe os sintomas. O modelo que elaborou da doença, combinando experiência vivida com ciência dos livros, é um modelo testado e veri-ficado.

Já vimos, da palavra *ex-peri-ência*, o sema *peri* (ao redor de). Falta-nos analisar o sema *ex*. *Ex* é uma pre-posição latina que significa, entre outros conteúdos, "estar orientado para fora", "exposto a", "aberto para". Temos, por exemplo, as palavras: ex-clamação, ex-posição, ex-istência. Neste sentido, *ex* ex-prime uma característica fundamental do ser humano como ex-istência. Ele é um ser que ex-iste voltado para fora (*ex*), em diálogo e em comunhão com o outro ou com o mundo. Daí ser a ex-peri-ência não apenas uma ciência, mas uma verdadeira cons-ciência. O objeto se manifesta à consciência, segundo as leis estruturais dessa consciência. A ex-peri-ência nunca é sem pre-su-posições. A consciência tem já pre-su-posições, que são posições tomadas historicamente ou herdadas da cultura dentro da qual estamos inseridos. A consciência não é vazia, mas toma modelos de interpretação do passado, da sociedade atual e da própria caminhada pessoal. Esses modelos povoam sempre a consciência. Quando a pessoa sai de si (*ex*) e vai ao encontro dos objetos, ela carrega toda essa carga. A experiência contém, pois, um elemento subjetivo (a ex-istência) e um elemento objetivo (os objetos). Nesse encontro de ambos, na modificação que se opera tanto na consciência como nos objetos, é que se estrutura a experiência. Os modelos já presentes na consciência são confrontados, verificados e testados com a realidade. Podem se confirmar; mas podem também ser destruídos, corrigidos e enriquecidos. Experiência envolve todo esse processo doloroso e criativo.

Resumindo, podemos dizer que experiência é o modo como interiorizamos a realidade e a forma que encontramos para nos situar no mundo junto com os outros. Assim entendida, a experiência deve, pois, ser distinguida da vivência. A vivência é a situação psicológica, as disposições dos sentimentos que a experiência produz na subjetividade humana. São as emoções e valorações que antecedem, acompanham ou se seguem à experiência dos objetos que se fazem presentes no interior da psique humana. Vivência não é sinônimo de experiência. É consequência e resultado da experiência na psique humana. Ela pertence ao fenômeno total da experiência, mas este é mais amplo e profundo do que aquele, a vivência.

Se experiência é o modo como nos situamos no mundo e o mundo em nós, então ela possui o caráter de um horizonte. Horizonte é uma ótica que nos permite ver os objetos, um focal que ilumina a realidade e nos permite descobrir os distintos objetos dentro dela, nomeá-los, ordená-los no rigor de uma sistematização. Por exemplo, atualmente na América Latina, estamos nos habituando a ver tudo sob a ótica da libertação ou da opressão, da inclusão ou da exclusão dos processos globais: a pedagogia, a teologia, a pregação, os sacramentos, os sistemas políticos e os projetos econômicos. Perguntamo-nos quase instintivamente: Até que ponto essa doutrina liberta ou mantém o cidadão marginalizado e excluído? Até que ponto essa opção econômica reforça a inserção no processo de globalização de forma subalterna e assim aprofunda o regime de dependência ou até que ponto rompe com ele e liberta historicamente? A libertação é um horizonte, uma ótica, uma experiência que nos faz descobrir os objetos na sua dimensão de libertação ou de opressão, de inclusão ou de exclusão.

4
A experiência típica do nosso mundo moderno

O modo como os seres humanos se fizeram presentes no mundo e fizeram o mundo presente neles variou ao longo da história. O homem mítico interpretava o mundo dentro de outras categorias, diferentes das nossas. Tinha outra experiência. Da mesma forma o homem da metafísica clássica experimentava o mundo diferentemente, como uma hierarquia de entes dentro de uma ordem, presidida e culminada pelo Ente supremo e eterno. Qual é o específico de nossa experiência de mundo[1]?

O típico de nosso mundo é o saber cada vez mais minucioso e certo (certeza não é sinônimo de verdade!). Tudo é objetivado, isto é, feito objeto do saber. O saber lhe confere segurança, porque saber é poder. Poder é subjugar todas as coisas aos interesses do ser humano, de uma classe, de um país, de uma cultura, de um sistema político e econômico. Esse saber objetiva tudo: Deus feito objeto do saber teológico; o próprio ser hu-

---

[1]. ROMACH, H. *Substanz, System, Struktur* – Die Ontotogie des Funktionalismus und der philosophische Hintergrund der modernen Wissenschaft. 2 vol. Friburgo/Munique: [s.e.], 1966. • CHEVALLIER, J. *História do pensamento*. Vol. III. [s.l.]: Aguilar, 1969.

mano, objeto de estudo de numerosíssimas ciências; o universo e a Terra, objetos máximos da pesquisa científica. Desse saber nasceram as ciências e sua aplicação concreta, a técnica. Elas se consideram eminentemente como ciências experimentais e objetivas. O nosso mundo é e se entende como mundo técnico-científico, artefato da manipulação dos seres humanos. Não admite nenhuma força numinosa e misteriosa limitante. Tudo quer desvendar; de tudo quer conhecer as leis de funcionamento; experimenta e controla criticamente a experiência até poder estabelecer uma ciência exata e segura. O conjunto dessas opções e processos constitui a assim chamada sociedade do conhecimento, da informação e da comunicação.

Já se ultrapassou a ingenuidade hermenêutica de um tipo de pensar científico que se entendia a si mesmo como pura objetividade. O pensamento e a ciência, pensava-se, nada mais são do que o reflexo da realidade experimentada na consciência. Na verdade, a própria ciência se deu bem conta de seu estatuto hermenêutico próprio, quer dizer, de seu alcance e de seus limites. Conhecer não é reduplicar. A experiência é sempre feita dentro de um modelo prévio e de perguntas previamente colocadas. Conforme as perguntas, vêm também as respostas. O modelo científico prévio já seleciona o que se deseja conhecer. Só verificamos aquilo que procuramos. Daí dizer-se que os dados científicos não são rigorosamente dados científicos, mas são feitos através de nossos inevitáveis modelos. Em razão disso, podemos e devemos dizer que a objetividade científica inclui a subjetividade humana, as opções sociais e os interesses do grupo. É sempre o ser humano que faz ciência. E o faz com tudo aquilo que é, com interesses bem definidos e com um sentido que confere ao seu trabalho. Isso determina as perguntas, marca os modelos de análise e orienta a direção de seu interesse científico.

De qualquer forma a nossa experiência do mundo é marcada pelo caráter científico-técnico. Isso diferencia o nosso tempo de outros tempos da história humana. Contudo, dentro desta experiência do mundo, apontou um elemento importante para o nosso tema da experiência de Deus. A ciência da objetividade científica envolve o homem que entra na determinação daquilo que deve ser analisado e pesquisado, marcando a pesquisa com o sentido que ele lhe dá. Numa primeira dimensão, o ser humano se preocupa primordialmente em dar uma *ex-plicação* aos fenômenos que analisa. Ela se processa com o recurso às causas imanentes verificáveis do próprio fenômeno. Dessa forma constrói o edifício científico e a possibilidade de sua utilização para transformar o mundo pela técnica. Esse complexo é um artefato humano, fruto do exercício da capacidade do espírito.

Num segundo momento, mais fundamental que o primeiro da ex-plicação, o homem se pergunta pelo *sentido* dessas manifestações humanas. A ciência e a técnica são um modo de o homem se situar no mundo e o mundo no homem. Que significado possuem? Que visam eles? Que procura o homem com tudo isso? Pergunta-se pelo sentido, que é mais do que uma ex-plicação científica. A pergunta pelo sentido abrange a totalidade do fenômeno científico. Como dizia com acerto um dos homens mais atentos aos propósitos da ciência, Ludwig Wittgestein: "Mesmo quando tivermos respondido a todas as possíveis questões científicas, perceberemos que nossos problemas vitais nem sequer foram tocados"[2].

A pergunta pelo sentido da vida é inarredável. Ela, como notamos acima, já está implícita e latente dentro da própria ciência e da técnica. O ser humano pesquisa e transforma o mundo porque vê sentido nisso, porque se realiza aí, porque consegue expressar dimensões latentes nele. Que sentido o ser humano busca realizar e viver quando dialoga técnico-cientificamente com a realidade? A análise desse questionamento nos abre para o sentido originário de Deus, presente também dentro do mundo moderno.

---

2. *Tractatus logico-philosophicus* (Schriften I). Frankfurt: [s.e.], 1969, p. 6, 52.

5
Como aparece Deus no mundo da tecnociência

Deus não aparece em nosso mundo como um fenômeno. Se tal acontecesse, ele também seria objeto de análise e de ciência. Mas não seria o Deus divino do Mistério, senão parte deste mundo objetivável, portanto, um ídolo (um objeto do mundo diante do qual nos prostramos e adoramos). Não sendo fenômeno, a ciência, com razão, prescinde da hipótese Deus, como fator ex-plicativo da realidade experimental. Buscar a Deus no nível do fenômeno significa buscar nada e, se achar, achar um ídolo. Deus não surge explicitado e tematizado aí. Ele está, no mundo técnico-científico, totalmente ausente. Foi para o exílio. Retraiu-se de forma completa. Mas essa retração deu chance para que aparecesse o ser humano no cenário da história (a historicidade a que nos referíamos anteriormente) e tudo o que ele pode em termos de saber, de poder e de manipulação do captável por seus sentidos, ampliados pelos aparatos tecnológicos.

Já aqui se anuncia uma pergunta incômoda para o espírito científico: De onde vem o vigor e a força do saber, do conquistar e do dominar? O ser humano se surpreende tomado por esse instinto de saber e de poder. Responder que isso vem da natureza é dar uma resposta científica, mas que não sacia a pergunta. Porque podemos perguntar adiante: E de onde o tem a natureza? Das energias cósmicas que atuam a partir do vácuo quântico, sempre saturado de energia? E essas energias provêm de onde? Poderemos levar ao infinito as perguntas e as respostas evasivas. No final o ser humano deverá, humildemente, reconhecer: "Não sei!" Ao responder assim, pode se considerar absolutamente honesto. É o máximo que a perspectiva científica permitirá dizer, mantendo-se dentro de seus limites científicos.

Todo o saber e todo o poder estão sustentados, portanto, por um Não Saber e por um Não Poder. Que é esse Não Saber e esse Não Poder? Não é aquilo que chamamos de Mistério? A ciência emerge, portanto, de um Mistério. Ela está à mercê de uma força e de um vigor que a levam a caminhar cada vez mais célere, exacerbando sua vontade de tudo conhecer e tudo domesticar. Mas não pode domesticar e apreender dentro das malhas de suas ciências e de suas técnicas o De Onde e a Origem de seu poder e de seu saber.

Como dizia a sabedoria da antiga Índia: "A força pela qual o pensamento pensa, não pode ser pensada". A língua pode falar sobre todas as coisas, mas não pode falar a força pela qual fala. O olho pode ver todas as coisas, mas não consegue ver a si mesmo. O espelho apenas nos dá uma imagem do olho, não o olho mesmo. Se quebro o espelho que espelha meu olho, não quebrei com isso o meu olho. Que é esse olho que tudo permite ver e não se deixa ver? Que é esse Mistério sem nome? Que é esse Não Saber?

Não chamaram todas as religiões e todos os místicos ao Inefável que se dá e se retrai em nossa existência, de Deus? Deus não é a palavra para dizer o Não Palavra? Não diz o salmo: "Em tua luz, Senhor, vejo a luz"? Por isso dizia o Sábio: "Nomear o Tao é nomear a Não Coisa [...] O Tao é um nome que indica sem definir. O Tao está para além das palavras e para além das coisas. Não se exprime nem por palavras nem pelo silêncio. Onde não existem nem mais palavras nem o silêncio, o Tao é apreendido"[1].

O Deus-Mistério está no mundo técnico-científico, mas retraído, olvidado, silenciado. Porque não se fala dele não significa que não esteja presente ou seja negado. Ele está lá no pudor do silêncio. Deus é como a raiz de uma árvore. Vemos a árvore. Admiramos sua fronde. Comemos de seus frutos. Estudamos sua natureza. Aquilo que não é visto na superfície da terra, a raiz, isso dá vigor e vida à árvore. A raiz não aparece à primeira vista. Ela está recolhida no silêncio da terra. Quando comemos os frutos e descansamos à sombra da árvore, não nos lembramos da raiz –, mas é dela que vem a seiva e, com a seiva, a vida. Deus é essa raiz e essa seiva oculta. Deus é como o sol que brilha lá fora na natureza. Da sala iluminada pela luz do sol, não vemos o sol. Ao enxergarmos, ao trabalharmos e ao movermo-nos à luz do sol dentro da sala, raramente recordamos o sol. Ele é olvidado e silenciado. Nem por isso deixa de brilhar sobre aquele que dele se esquece menos ou mais do que sobre aquele que dele se lembra e o nomeia em sua vida. Deus aparece assim no mundo técnico-científico: velado, olvidado e silen-

---

1. MERTON, T. *A via de Chuang Tzu.* Petrópolis: Vozes, 1969, p. 193.

ciado. Mas como o sol e como a raiz ele está presente, sendo a força e a vida da vontade de saber e de poder.

Para quem conseguir realizar semelhantes reflexões, o mundo, de repente, começa a se transformar num grande sacramento. Apesar de todo o seu aparato técnico, ele remete e aponta para uma realidade fundante que o suporta. Não só algumas coisas do mundo técnico-científico nos en-*via*-m para Deus, mas tudo se torna *via* e nos convida para a *via*-gem para Deus – tanto as positividades quanto as negatividades, tanto as conquistas humanizadoras da técnica quanto suas manipulações inumanas. Uma e outra são suportadas pelo mesmo fundamento. Isso não significa que Deus é responsável pelo mal no mundo técnico. Deus, já vimos, não está presente como uma causa segunda e como um fenômeno. É o homem que causa a poluição e monta mecanismos de exploração globalizada. A força pela qual ele faz isso não é dele, mas lhe foi dada. E ele abusou dessa força, por isso a responsabilidade cabe ao ser humano. Ao invés de sentir-se en-*via*-do de Deus e dar-se conta de que ele não é o absoluto de si mesmo, atribui a si o poder fazer e o poder destruir. Não percebe que está à mercê de Algo que não é ele e que o transcende continuamente. Por isso não age conforme os apelos que vêm do Mistério, através de sua consciência, da racionalidade e da fraternidade, mas obedece à voz de si mesmo e de sua desordenada vontade de autoafirmação. Aquele, contudo, que conseguir vencer a tentação que o mal no mundo técnico representa, para esse, o nosso mundo opaco e hominizado, onde só aparece o ser humano e seu trabalho, também se trans-figura e se torna diá-fano para a Raiz que secretamente o vivifica e para o Sol que indiretamente o ilumina: Deus.

Anteriormente lançamos a pergunta e a deixamos no ar: Que sentido o ser humano busca realizar e viver quando se relaciona técnico-cientificamente com a realidade? O que se revela? A atividade técnico-científica revela quem é o ser humano. Ele é, por excelência, um ser aberto para o mundo. Biologicamente é um ser-carência; não possui nenhum órgão especializado; se quiser sobreviver, precisa trabalhar. Pelo trabalho transforma o mundo e cria a cultura. A ciência e a técnica constituem as formas mais refinadas de relacionamento do ser humano para com o mundo, fazendo-o cada vez mais sua posse na satisfação de suas necessidades e da criação de sentidos de beleza e de arte.

O mundo científico-técnico é a concretização da abertura do ser humano. Mas ele não está aberto ao mundo assim como o animal. Este possui órgãos especializados em função de certos objetos que satisfazem suas necessidades. O animal possui um mundo circun-stante que é o seu *habitat*. O ser humano, à diferença do animal, não está aberto para isso ou para aquilo do mundo, mas simplesmente para o mundo em sua totalidade.

Contudo – e aqui aparece algo de novo – o mundo e a cultura técnico-científica não satisfazem o impulso de abertura do homem. Nele há sempre uma plusvalia e um excesso de impulso e de paixão que o deixam existencialmente sempre insatisfeito. Por isso está sempre elaborando novos mundos, excogitando novas interpretações, inventando novos métodos de conhecimento da realidade, criando formas de sociabilidade e também contestando modelos sociais. Que significa isso? Significa que sua abertura para com o mundo é uma abertura total. Ela se concretiza no mundo junto com outros, mas não se exaure nessa concreção. O ser humano é maior do que o mundo. Nele há uma ânsia infinita. Nele arde um princípio-esperança que o impulsiona sempre a criar e a se re-situar continuamente no mundo, sonhando no sono e na vigília com mundos cada vez mais humanos e fraternos até projetar utopias de suma felicidade e realização. O ser humano, homem e mulher, é um projeto infinito. Eis o que significa transcendência e imanência do ser humano. Enraizado (imanência), abre-se ao largo espaço infinito (transcendência).

Que motor é esse que o aciona para uma abertura total? Se o ser humano é abertura infinita que alcança para além do mundo e da cultura, qual é seu correspondente adequado? Só o infinito sacia uma ânsia infinita. A palavra *Deus* exprime o infinito da abertura infinita do ser humano. Essa palavra só possui sentido se expressar o correspondente da total abertura do homem.

O mundo técnico-científico, quando analisado na sua dinâmica interna, nos leva a colocar o problema de Deus. A abertura para o mundo, encarnada na transformação técnica, é um momento que concretiza a abertura total do ser humano, sob a qual se esconde a abertura para aquilo que chamamos Deus. Além de um sentido para o próprio ser humano na tarefa de assenhorear-se da natureza, a ciência e a técnica possuem um sentido mais profundo: elas significam a busca secreta, inconsciente e insaciável de uma Realidade Suprema que é mais do que a domesticação do mundo. Só percebe isso quem se engaja profundamente dentro deste mundo, quem não teme a mundanidade do mundo, quem tenta pensar radicalmente e até o fim aquele sentido que está latente dentro da tarefa científico-técnica.

Assumindo nossa historicidade (epocalidade), afirmando-a efetivamente, começaremos a apreender o sentido originário de Deus que surge do coração e da latência dessa mesma historicidade. Deus então não está fora e sem o mundo; nem se confunde com o mundo. Mas emerge como o fundamento e o sentido escondidos do mundo técnico-científico. É um Deus real e vivo que está junto de nossa caminhada histórica. Ele aparece como aquele ponto de convergência para onde tendem incansável e inconscientemente todos os nossos esforços.

A ânsia infinita, por mais infinita que seja, só encontra finitos e só cria, na sua práxis transformadora, finitos. Quanto mais cria e exacerba seu saber e poder, tanto mais percebe que o infinito de sua ânsia não é factível nem fruto de seu trabalho. Essa realidade vai revelando cada vez mais o infinito para o qual a pessoa tende, infinito que não pode ser reduzido ao ser humano ou a uma categoria humana. Vai aparecendo cada vez mais aquilo que não é humano, mas que é mais do que o humano. Emerge a dimensão do Mistério como abertura total de compreensibilidade e de futuro. As religiões, especialmente o cristianismo, empregaram o nome Deus para designar esse "Mistério supremo e inefável que envolve nossa existência", como diz o Concílio Vaticano II (*Nostra Aetate*, n. 2).

O sentido presente na cientificidade de nosso mundo, enquanto a tarefa do saber científico e do poder técnico implica um sentido realizado pelo ser humano, significa, na sua profundidade, a presença do Sentido por excelência, isto é, a presença, retraída e silenciada, de Deus. É essa presença do Sentido dentro do nosso modo próprio de sentir o mundo que impossibilita uma linguagem do absurdo radical do ser. Toda compreensão absurda da realidade é rigorosamente contraditória porque tem que provar a não absurdidade do absurdo. Com isso afirma um sentido[2]. Deus não pode jamais ser banido nem do mundo nem da linguagem. Ele se faz presente no próprio ato de querer bani-lo.

Ao perguntarmos, como o fizemos acima, pelo sentido do mundo técnico-científico, não procurávamos aquilo que não tínhamos encontrado. A reflexão nos mostrou que já estávamos dentro do Sentido; só podíamos perguntar porque já tínhamos sido surpreendidos e envolvidos pelo Sentido mesmo. A reflexão apenas trouxe à memória aquilo que estava dentro dela, mas vivia esquecido; fez-nos recordar que a luz provém do sol e que a árvore vive de uma raiz. Não criamos o sol nem inventamos a raiz. Eles estavam sempre lá. A partir dessa experiência de Deus em contato com o nosso mundo, podemos olhar com uma ótica diferente para ele. Ele não é mais o mesmo na sua profunda opacidade. Ele se torna revelador de Deus e articulador do Sentido. Ele começa a nos aparecer trans-parente para Deus. Em tudo isso Deus se vela e re-vela, se dá e se retrai e vem misturado com todas as coisas. Acolher a Deus que assim nos visita é abrir-se para a dimensão da fé. É crer. E, crendo, dizemos um sim radical ao Sentido latente descoberto no mundo em que vivemos.

---

2. VAZ, H.C. de Lima. "A experiência de Deus". *Grande Sinal 27*. Petrópolis: Vozes, 1973, p. 483-498 [especialmente a nota 30].

6
Como aparece Deus na moderna cosmologia

Um dos campos de conhecimento que mais se desenvolveram a partir dos meados do século XX é seguramente o da moderna cosmologia. A cosmologia narra a história do nascimento e do desenvolvimento do universo, a partir dos muitos conhecimentos que acumulamos da astrofísica, da física quântica, das ciências do caos e da complexidade, da ecologia, da psicologia, da moderna antropologia. Esses conhecimentos vêm articulados com o passado da humanidade, com as grandes tradições espirituais e religiosas e com os vários saberes elaborados pelas várias culturas. Tudo isso vem enquadrado dentro de uma visão evolucionista do universo. Daí surge uma nova imagem do universo, que mudou profundamente nossa percepção das coisas, do ser humano e também nossa experiência de Deus. Somos seres históricos, que um dia começamos e ainda não estamos prontos. Estamos todos em gênese, abertos para o futuro. Deus emerge de dentro dessa experiência cosmológica como o Futuro do mundo, como a Grande Promessa para o coração humano, como o Grande Atrator que nos chama lá na frente.

A nova cosmologia parte de um fato, talvez o mais significativo da história das ciências: a identificação da data de nosso nascimento. Foi captada, vinda de todas as partes do universo, uma radiação cósmica de fundo (-3 graus Kelvin). Trata-se de um raio fraquíssimo, uma espécie de ruído derradeiro, eco da grande explosão primordial, de onde se originaram todas as coisas. É o famoso *big-bang*. Analisando-se a radiação das galáxias mais distantes, calculou-se que essa incomensurável explosão tenha ocorrido há 15 bilhões de anos. É a nossa idade, pessoal e de todo o universo. Sem entrar em detalhes e dispensando a fundamentação teórica, coisa que fizemos em nosso livro *Ecologia: grito da Terra, grito dos pobres*[1], podemos sumariar, da seguinte forma, os passos do teatro cósmico:

Inicialmente havia um pontozinho quase imperceptível, impregnado de energia originária. Nada existia, nem espaço, nem tempo, nem matéria organizada. Num determinado momento, sem que saibamos o porquê, aquela quietude primordial se quebrou. Ocorreu uma inimaginável explosão. Tudo foi lançado em todas as direções, sob calor de bilhões de graus e em incontrolável velocidade. Fótons se irradiaram, inaugurando o processo de expansão que ainda está em curso. A energia originária se desdobrou nas quatro forças que sustentam tudo: a gravitacional, a eletromagnética, a nuclear fraca e a forte. Surgiram os primeiros seres, os seis tipos de *quarks* que se estabilizaram e formaram os prótons e nêutrons. Três minutos após a grande explosão (*big-bang*), formaram-se os primeiros núcleos de átomos. Surgiu a primeira síntese, o hidrogênio e o

---

1. São Paulo: Ática, 1995.

hélio, encontráveis em todo o espaço cósmico. Após esses três minutos, formaram-se grandes nuvens de gases. Após dois a três bilhões de anos, elas se condensaram e se resfriaram, dando origem às grandes estrelas vermelhas. Em seu interior ocorreram formidáveis interações, permitindo o surgimento de elementos químicos mais pesados que o hidrogênio e o hélio, imprescindíveis para a formação da matéria do universo e da vida, como o carbono, o silício, o magnésio, o oxigênio, o níquel, o ferro e outros. Essas gigantes vermelhas explodiram e se transformaram em supernovas. Elementos pesados foram ejetados ao espaço interestelar e deram origem às estrelas de segunda geração, como o nosso Sol, os planetas, os satélites e os corpos materiais. Esses elementos formaram as galáxias, as moléculas, as células, as águas, os dinossauros, os papagaios, os cavalos e os seres humanos. Todos somos inter-retro-conectados, formando o grande sistema do universo, construído por aqueles elementos (cerca de cem) que se formaram em bilhões de anos de trabalho cósmico. O universo é mais que o conjunto de todos os seres e energias existentes; é o conjunto das relações que envolvem todos os seres e os fazem interdependentes uns dos outros.

Um dia estivemos todos juntos, como virtualidade, naquele núcleo primordial; em nossos elementos básicos, fomos forjados nas estrelas, depois na Via Láctea, no sistema solar e na Terra. Somos todos parentes e irmãos. Temos a mesma origem e, seguramente, o mesmo destino.

Os cosmólogos referem-se não apenas ao *big-bang*, mas também ao vácuo quântico. Vácuo não seja talvez a palavra mais adequada, pois ela sugere o vazio e o nada. Mas a intenção é constatar que, com o irromper do *big-bang*, manifestou-se uma fonte abissal de energia, o vácuo quântico. Efetivamente, alguns preferem chamá-lo de *abismo alimentador de tudo* (*all-nourishing abyss*) porque se trata de um vácuo saturado de energia ilimitada. Dele tudo sai – ondas de energia, partículas elementares – e a ele tudo retorna. Algumas energias se estabilizam e aparecem como matéria, outras formam campos energéticos ou mórficos e então são chamadas de função de onda. Mas em todo esse processo se verifica uma minuciosa calibragem de medidas, sem as quais o universo e nós mesmos não estaríamos aqui para falar disso tudo. Quer dizer, para que existisse o céu sobre nossa cabeça e nós pudéssemos estar aqui, foi necessário que todos os fatores cósmicos, ao largo dos 15 bilhões de anos, tivessem se conectado, se equilibrado e convergido. Sem essa sinfonia, jamais teria surgido a complexidade, a vida, a consciência e a nossa própria existência. Tal compreensão supõe que o universo seja carregado de propósito e intencionalidade, implica num Agente infinitamente inteligente por detrás da ordem universal, apesar de todo o caos e das dizimações que estigmatizaram o universo e a Terra.

Essa ordem fascinou cientistas como Einstein, Böhm, Hawking, Swimme e outros. A consciência de Deus quer expressar essa ordem suprema e dinâmica, sempre feita a partir do caos. Deus estava primeiro no universo, em nossa galáxia, em nosso sistema solar, em nosso planeta, formando ordens a partir da desordem. E, porque estava lá, pôde, num dado momento da evolução, emergir na consciência dos seres humanos.

A hipótese do *big-bang* e do abismo alimentador de tudo supõe que o mundo teve início e que uma Energia poderosa o mantenha continuamente no ser. Quem deu o impulso inicial? Quem sustenta o universo como tudo e cada coisa para continuarem a existir e a se expandir? O que havia antes do *big-bang*? O nada? Se havia o nada, como surgiu algo? Do nada não vem nunca nada. Se, apesar do nada, apareceram seres, é sinal de que Alguém os chamou à existência e os alimenta permanentemente em seu ser.

Talvez com modéstia e precaução, em respeito ao rigor científico, possamos responder: antes do *big-bang* não havia nada do que agora existe. Porque, se existisse, deveríamos perguntar: De onde veio? O que podemos sensatamente dizer é: Existia o Incognoscível, vigorava o Mistério. Sobre o Mistério e o Incognoscível, por definição, não se pode dizer literalmente nada. Ora, ocorre que o Mistério e o Incognoscível são os nomes pelos quais as religiões chamaram a Deus. Deus é sempre Mistério e Incognoscível. Mas Ele pode ser intuído pela razão devota e pode ser sentido pelo coração. Então, Deus foi Aquele que colocou tudo em marcha e tudo alimenta. Portanto, Deus emerge não fora do processo cosmogênico, mas como uma exigência dele.

Mas não basta dizer que Deus está na raiz da existência de todas as coisas. Outra questão importante é: Por que exatamente nós e o universo existimos? Que Deus quer expressar com a criação? Responder a isso não é preocupação apenas da consciência religiosa, mas da própria ciência. Stephen Hawking, em seu famoso livro *Uma breve história do tempo*[2], revela a intenção de sua pesquisa cosmológica, que é conhecer o que

---

2. Rio de Janeiro: Nova Fronteira, 1992.

Deus tinha em mente ao criar o inteiro universo. Sucintamente podemos dizer que o sentido do universo e de nossa própria existência consciente é sermos um espelho no qual Deus vê a si mesmo. Cria o universo como desbordamento de sua plenitude de ser, de bondade e de inteligência. Cria para se autoentregar a algo distinto dele. Cria para fazer outros participarem de sua superabundância. Cria o ser humano com consciência para que ele possa ouvir as histórias do universo, possa captar as mensagens dos seres da criação, dos céus, dos mares, das florestas, dos animais e do próprio processo humano e religar tudo à Fonte originária de onde procedem.

O universo e cada ser dentro dele se encontram em gênese. Não acabaram de nascer. Por isso vêm carregados de virtualidades ainda não realizadas. O universo e especialmente o ser humano representam uma promessa e um futuro. A tendência de tudo é poder realizar-se e mostrar as potencialidades que carrega dentro. Por isso, a expansão significa também criação. Deus se manifesta dentro desse processo, animando, atraindo e fazendo convergir. Ele é o Ponto Ômega, o grande Atrator de todas as energias e de todas as formas de matéria para uma culminância na qual a promessa se transforma em realidade e a virtualidade em ridente concreção.

Como nomear esse Deus-Mistério-Incognoscível a partir de nossa compreensão do universo em expansão? O primeiro que nos ocorre é chamá-lo de Energia Suprema, consciente, ordenadora, sustentadora, amorosa. Podemos compreendê-lo como Paixão infinita de comunicação e expansão, pois o universo é cheio de movimento em equilíbrio, criando o tempo, o espaço e todos os seres na medida em que se dilata indefinidamente. Deus irrompe como Espírito que perpassa o todo e cada parte, porquanto tudo é sutilmente interdependente e apresenta uma ordem que continuamente se cria a partir da desordem inicial e que se abre para formas cada vez mais abertas e superiores de relação. Ele comparece como o Futuro absoluto, o Ponto Ômega de realização de todas as promessas presentes na criação. Como tudo tem a ver com tudo em todos os pontos e em todas as circunstâncias, tudo tem a ver com a Fonte originadora de tudo. Todas as coisas comungam entre si e comungam com Deus. Deus é um Deus-comunhão. Essa constatação servirá de base para entendermos depois a experiência cristã de Deus como comunhão de Pessoas divinas que se fazem presentes dentro do processo da evolução.

7
Como aparece Deus no mundo oprimido da América Latina

O mundo da tecnociência a que acenamos na parte anterior constitui o horizonte mais visto de nossa existência, situada na América Latina. Nossa historicidade aborda cientificamente e não mais mítica ou metafisicamente o mundo. Usamos de todas as formas de tecnologia para agilizarmos as forças produtivas e acumularmos bens e serviços, embora injustamente repartidos. Dentro desse horizonte mais vasto se articula, historicamente, um outro, aquele sob o qual vivemos na América Latina. Como ele se realiza entre nós? Antes de mais nada, vale constatar que predomina na gente de nível popular uma interpretaçao religioso-mítica do mundo. Tudo isso possui seu inestimável valor e representa uma dimensão permanente de todo ser humano, pois o homem técnico-científico também é *un sauvage et primitif* nas estruturas fundamentais de seu saber. As várias experiências que fez em contato com o mundo – a mítica, a metafísica e agora a científica – não devem ser interpretadas diacronicamente. Elas são janelas da alma humana pelas quais vemos a multiforme paisagem da realidade. Devem, pois, ser interpretadas sincronicamente como estruturas atuais de nossa mente, pelas quais nos orientamos no mundo. Tal reflexão se faz importante para fazermos justiça à realidade que vivemos no continente latino-americano.

Entretanto, a singularidade é também para nós o espírito científico-técnico. Mas ele é vivido na América Latina sob a forma de um drama perverso. O saber científico e o poder técnico não são entidades inocentes e neutras. Nem revelam apenas a forma como o ser humano dialoga com a realidade. Mas, historicamente, foram e são usados como instrumento de dominação e de opressão de outros povos. A América Latina comparece como um continente subdesenvolvido e retardatário em relação aos países opulentos do Hemisfério Norte. Uma reflexão socioanalítica mais vigilante constata que esse subdesenvolvimento é o subproduto do desenvolvimento desses países, que têm interesse político em nos manter, por força, no subdesenvolvimento. Vivemos num verdadeiro regime continental de dependência e de captividade. Somos periferia dos grandes centros metropolitanos de decisão que se situam em Nova York, Londres, Paris, Bonn e não em Brasília, Buenos Aires, Santiago ou Cidade do México.

Essa manutenção opressiva no subdesenvolvimento é resultado de cinco séculos de colonização, neocolonização e hoje globocolonização. Somos atrelados a um sistema global de relações econômico-sociais, hoje globalizadas, que não controlamos e que nos dita o que devemos produzir, o que consumir e o que exportar. Não é aqui o lugar para detalharmos a crítica a esse sistema de convivência humana e de relacionamento com os bens de produção e consumo[1]. Certo é que seu espírito e as motivações predominantes centralizadas na busca do lucro, do proveito e do interesse individual, assentados na propriedade privada dos meios de produção, no papel hegemônico do dinheiro-capital, na livre-empresa, na comercialização do trabalho do homem, na sistemática depredação dos recursos escassos da natureza e na mercantilização de tudo, são terrivelmente inumanos e geram uma qualidade de vida extremamente pobre, anêmica e violenta. A organização do poder se articula de tal forma que corrobora continuamente o fortalecimento das minorias ricas sobre as maiorias pobres. A exploração ou, pelo menos, o uso do homem pelo outro homem, assume, muitas vezes, formas desapiedadas com alta taxa de iniquidade social.

Para não sermos abstratos, arrolaremos alguns dados. Dos cerca de seis bilhões de pessoas existentes hoje, 1,3 bilhão vivem com menos de um dólar diário e mais de dois bilhões com apenas dois bilhões de dólares, segundo dados do Programa das Nações Unidas para o Desenvolvimento (Pnud) do ano 2000. Os bens e serviços são pessimamente distribuídos. Os 20% mais ricos da população mundial consomem 93% de todos os produtos e serviços, enquanto os 20% mais pobres consomem apenas 1,4%. O fosso entre uns e outros aumenta ao invés de diminuir. A diferença entre os 20% mais ricos e os 20%

---

[1]. Cf. os dois estudos de ARROYO, G. "Pensamiento latino-americano sobre subdesarrollo y dependencia externa" e "Consideraciones sobre el subdesarrollo de América Latina". In: *Fe cristiana y cambio social en América Latina*. Salamanca: [s.e.], 1973, p. 305-322; 323-334, onde resume, com farta bibliografia, as principais teorias e autores que interpretam a situação da América Latina. Cf. os aspectos mais globais em WALLERSTEIN, I. *El futuro de la civilización capitalista*. Barcelona: Icaria & Antrazyt, 1997.

mais pobres do mundo cresceu de 30 a 1 em 1960, para 61 a 1 em 1991 e para 78 a 1 em 1999. Os 225 indivíduos mais ricos do mundo, dos quais sessenta são norte-americanos, têm uma riqueza combinada de mais de um trilhão de dólares, igual à renda anual de 47% da população mais pobre do mundo. A consequência dessa injustiça que clama ao céu faz com que 850 milhões de pessoas passem sistematicamente fome e sobrevivam na insegurança alimentar; um terço destas não chega aos quarenta anos. A contradição não se situa mais entre leste-oeste, vale dizer, entre capitalismo e socialismo, mas entre o norte opulento e o sul miserável. Os dados da superexploração de um lado sobre o outro são aterradores. O Programa das Nações Unidas para o Desenvolvimento, a que já nos referimos, dava conta de que em 1990 os fluxos do norte para o sul foram da ordem de 54 bilhões de dólares na forma de investimentos, empréstimos e ajudas. Ao passo que as transferências do Terceiro Mundo para o Primeiro equivaleram a quinhentos bilhões de dólares no mesmo ano. E as proporções até o presente só têm aumentado[2]. A América Latina está enchafurdada nesse labirinto histórico que nunca se resolve[3].

No Brasil, os dados são também dramáticos. Os 10% mais ricos concentram 50% da riqueza nacional; os 50% mais pobres detêm apenas 10%; 40% da população brasileira vive abaixo da linha de pobreza; e cinquenta milhões de brasileiros não conseguem ter uma alimentação suficiente. O Brasil, pelo olhar

---

2. Cf. os dados em ARRUDA, M. *Qual trabalho para qual sociedade.* Vol. II, cap. I. Petrópolis: Vozes, 2002.

3. IANNI, O. *O labirinto latino-americano.* Petrópolis: Vozes, 1995.

imparcial da ONU, está entre os últimos lugares do mundo com referência ao Índice de Desenvolvimento Humano[4]. Esse achatamento dos salários encontra sua contrapartida na extrema concentração da renda em reduzidíssima parcela da população. Entre 1998 e 1999 a proporção de pobres aumentou de 32,7% para 33,9%, segundo o Ipea. O Brasil, sempre batendo recordes, em matéria de pobreza e desigualdade, mantém 55,6 milhões de brasileiros vivendo com menos de cem reais por mês. Cerca de três milhões tornaram-se pobres no ano da desvalorização do real em 1998[5]. Relativamente a esses dados, temos que 56% da população se encontram na faixa da marginalidade absoluta (capacidade de consumo restrita à alimentação básica) e 75% da população na faixa da marginalidade relativa que consiste na capacidade de consumo não superior ao estrito atendimento das primeiras necessidades[6]. O modelo brasileiro diretamente beneficia pequena margem da população, que tem suas riquezas enormemente aumentadas. A participação no produto social, teoricamente aberta a todos, é feita capilarmente por apenas 5% da população.

O desenvolvimento não é definido em termos de independência e autossustentação a partir das próprias forças, mas em termos de aproximação ao paradigma dos países opulentos do Hemisfério Norte, paradigma que, por definição, é inalcançável,

---

4. SILVA, Luís Inácio Lula da (org.). *O custo Brasil* – Mitos e realidade. Petrópolis: Vozes, 1997. • BOFF, L. *Depois de 500 anos*: Que Brasil queremos. Petrópolis: Vozes, 2000
5. PETRAS, J. & VELTMEYER, H. *Brasil depois de Cardoso* – A desapropriação do país. Petrópolis: Vozes, 2001.
6. CEPAL. "Brasil: rasgos generales de la evolución reciente". *Estudio Económico de América Latina y Caribe 1998-1999*. Santiago, 1999.

porquanto em transformação cada vez mais rápida. Com acerto observou Celso Furtado, o melhor economista brasileiro:

> A experiência já demonstrou que, se se aumenta o esforço para andar mais rápido e reduzir a distância do alvo perseguido, a deformação estrutural se acentua, pois uma acumulação mais intensa em benefício de uma parte da população amplia o fosso que existe entre as condições de vida da minoria beneficiada e as da massa, fosso que é a essência mesma do subdesenvolvimento. Cabe inferir, portanto, que a melhoria efetiva das condições de vida da massa da população dos países do Terceiro Mundo, particularmente dos de grande dimensão demográfica, somente será alcançada por outros caminhos. A Índia nunca será uma Suécia de um bilhão de habitantes, nem o Brasil uma reprodução dos Estados Unidos[7].

Esses parcos dados ilustram a elevada taxa de iniquidade humana que o sistema capitalista comporta. Nem sequer arrolamos o desastre ecológico, em nível mundial, que está provocando danos sobre todos os ecossistemas e o sistema-Gaia. Algo deve estar profundamente errado na opção por semelhante sistema global, que se instaurou e está se globalizando em todos os recantos da Terra. Essa situação faz uma provocação terrível para a experiência de Deus. Como se revela Deus em semelhante situação? Dissemos anteriormente que Deus emerge a partir da história que vivemos. Sobre Ele não temos uma ciência previamente construída aplicável à nossa situação. Que face mostra Deus dentro de nosso mundo inumano?

---

[7]. *Análise do "modelo" brasileiro*. Rio de Janeiro: [s.e.], 1972, p. 77.

Há que considerar a imagem de Deus vinculada ideologicamente pelo sistema. Justifica a situação. O sistema capitalista apresenta a Deus como aquele Ser Supremo que naturalmente estabelece as classes, onde haverá sempre ricos e pobres. Prega um Deus que manda observar as leis da natureza, entendendo-se a fome pela vantagem pessoal, a concorrência e a livre-empresa como decorrentes da lei natural. Anuncia um Deus que manda obedecer a ordem estabelecida, não se perguntando se essa ordem não poderá ser, como efetivamente está sendo, ordem na desordem e fruto do egoísmo de grupos de interesse. Trágica para a fé se torna a situação quando nos damos conta de que os próprios conceitos fundamentais do cristianismo foram assimilados como suporte justificador do sistema de opressão, como humildade, obediência, honestidade, paciência, carregar a cruz de Cristo, pobreza, renúncia, amor incondicional, etc. Freud dizia que os cristãos estavam mal batizados.

"Estão mal batizados", comenta Marcuse, "enquanto aceitam e obedecem ao evangelho libertador somente numa forma altamente sublimada – que deixa a realidade sem liberdade como estava antes"[8].

J.L. Segundo, teólogo uruguaio e um dos críticos mais lúcidos do caminho da evangelização na América Latina, fazia uma constatação também dolorosa:

> Ao revelar o sistema capitalista – no decurso de seu desenvolvimento – toda a sua dimensão de dominação inumana, o cristão não encontra na experiência de sua vida social nenhum elemento que lhe sirva para

---

8. MARCUSE, H. *Eros y Civilización*. México: Mortiz, 1965, p. 83.

pensar o Deus que se revelou em Jesus Cristo. Mais ainda, seu ajuizamento do sistema social o leva necessariamente à crítica de uma noção de Deus em que se projeta a falsa imagem criada por uma ideologia de dominação. Nesse sentido podemos dizer que nunca como hoje tem sido tão difícil conceber existencialmente o Deus cristão[9].

Não obstante isso, observamos: quem é o Deus cristão não o sabemos *a priori*, senão assumindo os desafios dessa situação de captividade. Dentro dela se revelará um rosto novo do Deus de Nosso Senhor Jesus Cristo.

Deus se faz presente na América Latina por uma dupla ausência extremamente angustiante. A dependência opressora, a marginalidade de milhões, a miséria humilhante, a ganância insaciável de uns poucos, a violência dos traficantes de drogas e armas despertam em nós sede de justiça, fome de participação, ânsia de fraternidade e desejo imenso de criação de estruturas sociais que impeçam para sempre a exploração do homem pelo homem. Porque entrevemos a justiça, sofremos com a injustiça estrutural. Porque vivemos na ânsia da solidariedade, penamos sob o regime de discriminações. Porque estamos banhados pelo amor, nós nos debatemos com a desumanização das relações sociais. A justiça, a solidariedade, o amor estão presentes na ausência deles como fato histórico. Não é porventura Deus o símbolo linguístico para dizermos a justiça, o amor, a participação, a comunhão, a solidariedade? Deus só possui sentido existencial se for o polo de referência da justiça, do amor, da fra-

---

9. *Nuestra idea de Dios* (teologia abierta para el laico adulto 3). Buenos Aires/México: [s.e.], 1970, p. 50.

ternidade humanos. Admiravelmente o exprimiu o francês H. de Lubac, um dos maiores teólogos do mundo:

> Se eu falto ao amor ou se falto à justiça, afasto-me infalivelmente de vós e meu culto não é mais que idolatria. Para crer em vós, devo crer no amor e crer na justiça, e vale mil vezes mais crer nessas coisas que pronunciar vosso nome. Fora delas é impossível que eu alguma vez vos encontre, e aqueles que as tomam por guia estão sobre o caminho que os conduz a vós".[10]

O Deus que assim aparece é o *Deus inversus*. Ele emerge do contraste. Quanto maiores forem as trevas, maior será o resplendor da Luz. Mas essa Luz nos julga e nos condena. Não permite que fiquemos inativos face às injustiças que clamam ao céu e face à miséria que Deus não ama e por isso não quer.

A segunda ausência, mais dolorosa que a primeira, torna também Deus presente pelo contraste. É a ausência de Deus concreto, vivo e verdadeiro naqueles que usam em seus lábios o nome de Deus e o veneram em seus templos. O cristianismo é a religião por excelência do continente subdesenvolvido. Deus é nomeado, venerado, suplicado na publicidade oficial da vida. Mas a fé em Deus e em Jesus Cristo não chegou à sua plena explicitação cristã. Ficou muito presa ao modelo da religiosidade arcaica. Nela os deuses querem ser servidos pelos seres humanos. Estes foram feitos para servir a Deus. A fé cristã, como se articulou de forma definitiva e escatológica no caminho de Jesus Cristo, afirma que Deus não quer ser servido nele mesmo sem o ser nos outros. Servir o outro, no qual está Deus, é o imperativo de Jesus Cristo e a novidade da experiência cristã de Deus. É fá-

---

10. LUBAC, H. Op. cit., p. 125.

cil servir diretamente a Deus – essa ação não compromete ninguém. Servir o próximo em quem Deus está nos compromete porque o próximo não é uma abstração, mas é alguém situado num mundo onde pode haver miséria, injustiça gritante e egoísmo deslavado. Amar o próximo pobre e doente, humilhado e explorado, nos compromete e nos obriga a tomar posição. Só quem ama o outro ama a Deus; só quem se engaja em sua libertação é que serve ao Senhor da história; "quem não ama seu irmão a quem vê, não é possível que ame a Deus a quem não vê" (1Jo 4,20). Por aí se entende a identidade que João estabeleceu entre o amor a Deus e o amor ao próximo (cf. 1Jo 4,20s.).

O cristianismo vivido geralmente na América Latina não fez essa virada tipicamente cristã. O Deus venerado e proclamado é antes um ídolo do que o Deus vivo que interpela. Por isso se presta para sacramentalizar uma situação inumana e abafar, com a usurpação do nome sacrossanto – Deus, reservado ao Mistério que penetra toda a realidade –, a consciência, incapaz de se distanciar criticamente da situação e de detectar sua estrutura opressora. Daí não podermos identificar o cristianismo teológico com o cristianismo sociológico, isto é, com aquele que a si mesmo se designa cristianismo. Na verdade este último, na práxis concreta da experiência da fé, nega-se a si mesmo, embora continue a servir-se de toda a linguagem e temática cristã. Aquele que nega o cristianismo sociológico na América Latina, porque foi usurpado pelo poder estabelecido como sua legitimação ideológica, mas busca a justiça, a participação e a libertação, está mais próximo do cristianismo teológico e do Deus vivo e verdadeiro do que aquele outro que professa a Deus e Jesus Cristo e assume toda a ortodoxia católica, mas fechou os olhos e endureceu o coração à dolorosa marginalidade de milhões, à exploração instituída em sistema e à repressão aceita como legal.

Estas afirmações, escandalosas para o *status quo* religioso e social, não nos devem causar estranheza. Estão na melhor tradição jesuânica e profética. Quando Cristo quis explicar quem era o próximo, quando se admirou da fé de um seu ouvinte e quando quis explanar o que é a prontidão obediente, não tomou exemplos dentre as pessoas piedosas ou dentre as de sua religião revelada, mas tomou pessoas fora desses quadros oficiais. Citou o herege samaritano, a mulher pagã siro-fenícia e o estrangeiro centurião romano. Há uma negação do *cristão* que é uma forma de resgatar o sentido originário e divino do cristão. Estas reflexões, parece-nos, fazem-se urgentes e necessárias no contexto latino-americano, dada a manipulação ideológica a que está sujeito o cristianismo pelas elites dominantes.

Deus não aparece apenas na ausência[11]. Em nosso contexto humano de subdesenvolvidos se configura também um rosto positivo de Deus. Ele emerge a partir do processo de libertação efetivo, do engajamento para superar estruturas injustas, a começar por aquelas mais difíceis de serem superadas, que são as mentais. Aí aparece o significado originário de Deus. No seio dessa diligência começa a aparecer, como numa clareira, a força que sustenta o engajamento, a luz que ilumina a obscuridade das opções e o sentido de todos os sacrifícios; começa a emergir Aquilo que é maior do que nós, que nos impulsiona

---

11. Cf. a bela frase de Santo Agostinho: "Cum absens putatur, videtur, cum praesens est, non videtur". *De videndo Deo* (Epist. 147 ad Paulinam), cap. 6, n. 18, PL33, 604.

como sede de justiça, fome de solidariedade, angústia de fraternidade e que se constitui como polo de referência de nossos anseios. Quando tal experiência irromper e tiver a capacidade de nos sustentar, então emergiu aquilo que chamamos Deus e experimentamos Deus em sua dia-fania histórica. Se isso não acontecer, então Deus de fato não tem realidade existencial, porque não tem relação com o ser humano e com suas buscas. Ele está aí, mas sua presença não é captada e vivenciada.

Entregar-se, portanto, à tarefa da libertação não é reduzir o cristianismo a um mero horizontalismo e traduzir Deus numa mera categoria antropológica. Contrapor horizontalismo a verticalismo é objetivar e hipostasiar fora da vida aquilo que na vida concreta vem sempre junto. Com isso, torna-se o cristianismo abstrato e, por conseguinte, historicamente ineficaz. A vida mesma, a libertação, quando afirmadas radicalmente e assumidas com toda a responsabilidade, mostram a dimensão vertical e horizontal, a imanência e a transcendência. Quando captadas juntas, elas nos abrem para a transparência de Deus no coração de nossas lutas.

Portanto, só quem se entrega de corpo e alma a serviço do próximo, humilhado e ofendido, começa a perceber uma dimensão que transcende o próximo e a ele mesmo. Dá-se conta de que está envolto por uma energia poderosa que o circunda, o penetra, o transcende e lhe possibilita a tarefa do amor social, do engajamento e da libertação. Aí se verifica a verdadeira transcendência e o ortodoxo verticalismo: emerge o Mistério que nós chamamos Deus[12].

---

12. PUNTEL. Op. cit., p. 22-23.

A esse Mistério podemos nomear, no balbucio reverente e no pudor santo, podemos chamá-lo por aquele nome que resume todos os nosso anseios: Deus libertador, Deus vivo e vivificador, Deus da ternura dos humildes e da iracúndia sagrada contra as injustiças que assassinam seus filhos e filhas. Reverenciamo-lo como Aquele que nos aponta para o futuro. Amamo-lo como a nossa esperança. A Ele nos agarramos como a força do combate e o consolo no desamparo da repressão. Essas são todas palavras humanas que estão no dicionário, mas querem fazer presente Aquele que nenhum dicionário pode conter e nomear, o Mistério de Deus, experimentado no concreto da vida e no contexto das tribulações de nosso continente latino-americano.

8
Como Deus emerge na caminhada pessoal

Das reflexões que articulamos até aqui, deve ter ficado claro que Deus não constitui um objeto entre outros diretamente experienciável. Deus emerge da radicalidade da experiência do mundo. O discurso sobre Deus é um discurso qualificado sobre o mundo, um discurso sobre o mundo enquanto nos apercebemos que ele não é a última instância, mas vem sempre remetido e suportado por algo que se ilumina dentro dele, mas que não é ele. Concretizamos essa abordagem mostrando como Deus surge dentro da experiência de nosso mundo técnico-científico e de nossa realidade latino-americana e brasileira oprimida.

A pessoa humana vive circunstanciada dentro desse duplo horizonte. No entanto, ela não se deixa enquadrar simplesmente dentro desse mundo acima descrito. Possui sua caminhada pessoal. É uma síntese única e própria da história. Nisso reside sua sacralidade e dignidade. É uma e única. Faz a sua experiência do mundo e, no coração dele, do mistério do mundo, isto é, de Deus.

Esta experiência de Deus na dia-fania do mundo[1], não nos cansamos de repeti-lo, não é uma vivência de um objeto ou uma experiência ao lado de outra experiência. A experiência de Deus não deve ser imaginada como uma experiência de ver um pôr do sol e, ao lado disso, como a experiência de uma dor de dente[2]. Se assim fora, Deus seria um fenômeno do mundo. Deus não é encontradiço em nenhuma parte. Daí insistirmos que Deus só se torna real e vivo se emergir da radicalidade da experiência do mundo, como sentido, como mistério que suporta o mundo, como força libertadora dentro de nosso engajamento por mais justiça e humanidade. Nem a experiência de Deus consiste em ter visões, audições e enlevos místicos. Tudo isso pode existir, mas fica no nível das vivências subjetivas do mistério de Deus. Deus não é "visível", nem "audível" nem "aces-

---

1. Esta ideia da diafania e transparência de Deus no mundo é bem documentada na tradição teológica e mística: SANTO HILÁRIO. *De trinitate*, liber 1, cap. 6: "Deus totus intra extraque, supereminens et internus, circumfusus et infusus. Deus, supra quem nihil, extra quem nihil, sine quo nihil est. Deus, sub quo totum est, in quo totum est, cum quo totum est". • SANTO AGOSTINHO. In Psalmum 130, n. 12: PL 37, 1712: "Intus Deus altus est et spiritualiter altus; nec pervenit anima ut contingat eum, nisi transient se". • SÃO GREGÓRIO, o Grande. *Moralia in Job*, lib. 2, cap. 12, n. 20: "Ipse manet intra omnia, ipse extra omnia, ipse infra omnia. Et superior est per potentiam et inferior per sustentationem, exterior per magnitudinem, interior per subtilitatem. Sursum regens, deorsum continens, extra circumdans, interius penetrans. Nec alia ex parte superior, alia inferior; aut alia ex parte exterior, atque ex alia interior; sed unus idemque totus ubique praesidendo sustinens, sustinendo praesidens, circumdando penetrans, penetrando circumdans". LAVARDIN, Hilderbert de. *Carmina Miscellanea*. 71: PL 171, 1411: "Alpha et Omega, magne Deus... Super cuncta, subter cuncta, extra cuncta, intra cuncta, nec inclusus, extra cuncta, nec exclusus, super cuncta, nec elatus, subter cuncta nec substractus. Super totus, praesidendo; subter totus, sustinendo; extra totus, complectendo; intra totus es, implendo; intra nunquam coarctaris, extra nunquam dilataris, super nullo sustentaris, super nullo fatigaris".
2. RAHNER, K. Op. cit., p. 166-167.

sível" só na experiência mística. Se assim fora, Deus seria o privilégio e o luxo de alguns iniciados e não o sentido que pervade toda a existência, por mais cotidiana que se apresente. Daí poder-se experimentar Deus sempre e em qualquer situação, a partir do momento em que atingirmos a profundidade da vida, lá onde ela mostra uma abertura absoluta que ultrapassa todos os limites e que, por isso, comparece como o Transcendente em nós.

Como se faz essa experiência de Deus na caminhada pessoal? Pode existir uma espécie de mistagogia, quer dizer, uma via de iniciação? Aqui pisamos terra virgem. "Caminhante, não há caminho! O caminho se faz caminhando", dizia o poeta espanhol Antonio Machado. Como não podemos substituir ninguém nem viver a vida de alguém outro, também aqui ocorre algo semelhante: cada qual, na caminhada de sua existência, deverá fazer a experiência da raiz que lhe alimenta a vida. Podemos, contudo, acenar para a seriedade da vida e con-vocar para descobrir Aquilo que já está presente, embora de forma oculta, em sua vida. Talvez alguém se dê conta de que aquilo que experimenta na vida nunca foi verbalizado em termos de experiência de Deus. Sobre Deus, imagina bem outra coisa, pode ser até de forma errônea. Apesar dessa possível falsa interpretação, devemos dizer que Deus realmente pode ser experienciável por aqueles que nem presumem isso. Mas eles experimentam o mistério da vida, o sentido profundo que a pervade, o secreto apelo para um mais em tudo o que sentem, vivem e fazem. Sob essa experiência se esconde aquilo que deciframos como sendo Deus. Os acenos aqui esboçados não pretendem descrever uma experiência de Deus, apenas chamar a atenção para um possível caminho a ser aberto no qual Deus pode irromper.

A) Deus como experiência da bondade e do sentido radical da vida

Deus emerge do coração da vida, dizíamos anteriormente. Ele vem misturado com as coisas. Ele é a interpretação última daquilo que o ser humano experimenta em sua radicalidade. Mas não só aí emerge Deus. Como Ele está sempre presente em tudo, então Ele se comunica também na banalidade da existência. Aí também se concretiza o sentido originário da vida e, por isso, de Deus. Todos fazemos, por exemplo, a experiência da bondade radical da vida[3]. Entregamo-nos confiantes ao trabalho e às tarefas cotididanas, porque possuímos uma confiança não reflexa nem tematizada na bondade da vida. Esta é dramatizada pelo caos existencial, pela traição do amigo, pela mentira, pelo ódio, pelas doenças e, finalmente, pela morte. Mas apesar de tudo não desistimos de viver, de nos levantar cada manhã e recomeçar o dia a dia. Há uma dimensão gratificante na vida, que, apesar das contradições, não pode ser destruída. É verdade que não podemos defini-la exatamente nem circunscrevê-la a algumas situações privilegiadas. Sempre que pretendemos apanhá-la, ela nos escapa, pois sua estrutura é a gratuidade e o seu puro acontecer. É por causa dela que continuamos a viver, mesmo no meio das piores desgraças, o que deslegitima qualquer tentativa de suicídio. O suicida, em seu

---

3. BOFF, L. *O destino do homem e do mundo*. Petrópolis: Vozes, 1974, p. 12-23.

gesto extremo, busca um sentido que a vida lhe nega e que ele, através da morte, presume encontrar. Por isso, para ele, a morte não é um problema, mas uma solução. O absurdo absoluto representa uma contradição lógica. A afirmação do absoluto absurdo não passa de um desejo impossível. A afirmação de um absurdo absoluto não pode ser absurda. Deve fazer sentido. Logo há sempre um *superávit* de sentido em tudo o que fazemos e pensamos. E assim é porque vigora uma bondade de base no universo e da vida. Essa bondade da vida nunca pode ser totalmente destruída nem negada. Ela não é outra coisa senão Deus mesmo, emergindo dentro da experiência humana.

A partir daí podemos dizer: atrás da dúvida e da negação de Deus que todavia possam existir, há uma outra dúvida mais radical ainda: Existe Alguém que me aceita totalmente assim como sou? Quem nega a Deus, não nega tanto a existência de uma Última Realidade, mas a possibilidade de ser aceito. Afirmar a Deus é acolher implicitamente Alguém maior que me aceita e que me ama. E este Alguém é o derradeiro consolo e o sentido fundamental de todo o viver.

Essa bondade fundamental do viver se apresenta como experiência de sentido. Não criamos o sentido. Quando perguntamos pelo sentido, já nos descobrimos dentro dele. Somos carregados por ele ao assumirmos com seriedade as pequenas e grandes coisas da vida, a rotina do cotidiano, a convivência com o outro, a responsabilidade da profissão. Apesar de todas as frustrações, apesar do desmoronamento de todas as seguranças, apesar da destruição de todas as máscaras, apesar do inevitável abandono e traição de valores vitais, apesar de toda a imensidão das negatividades humanas, triunfa o sentido sobre o absurdo, vence a convicção da ordem fundamental do mundo sobre o descoroçoamento e se impõe a luz sobre o negrume das trevas. É por causa do sentido que transcende as finalidades imediatas e supera os sentidos captáveis que o ser humano sempre retoma a caminhada da própria história e consegue suportar a monotonia do cotidiano e o aparente vazio da rotina do dia a dia. Na verdade, esta se encontra saturada de um sentido latente, sentido que a faz suportável. Deus deve ser pensado a partir dessa experiência do sentido. Ele é aquela Luz na qual vemos a luz. Deus emerge nas palavras da prostituta quando diz: "Reze por mim, padre, para que tudo dê certo. Vou trabalhar mais um pouco, vou ainda me vender por um ano. Depois, já devo ter pago meu apartamento. Vou ser mulher de um homem só. Vou ter meu marido, meus filhos. Vou amar e sofrer. Mas irei amar e sofrer como gente. Deus é Pai e vai me ajudar a sair desta vida de miséria". Quem fala assim, fala a partir de um profundo sentido. Para aquele que entende, é Deus que assim faz a sua parusia na vida dessa pessoa.

O favelado trabalha duro para ganhar o salário mínimo. É tido por um zero econômico e social. Os filhos se multiplicam. Crescem por aí como bichinhos. Ele sente-se açulado pela pobreza extrema. Apesar da miséria inumana, tem um senso de dignidade que transluz no modo como recebe o outro. Não perdeu a religião, a alegria de viver, a sensibilidade pela necessidade do vizinho doente, a dimensão da solidariedade humana. Há nele uma sabedoria que escola alguma, a não ser a da vida, pode comunicar. "Deus fez o mundo bem-feito", diz ele. "Fez de um jeito que, um dia, todos serão realmente iguais. Fez uma coisa que ninguém pode comprar. O milionário compra o que deseja e vai para onde quer. Deus inventou uma coisa que faz com que todos sejam iguais e que ninguém pode comprar. Isso Ele manda de graça: a morte. O milionário pode comprar um caixão de jacarandá. Mas ele também morre e é enterrado num palmo de terra, igualzinho ao mais pobre dos pobres. Deus fez tudo bem-feito, com a invenção da morte. Por ela todo o mundo é feito igual e irmão. Quer queira, quer não." Poder falar assim é viver a partir de uma dimensão de profundidade. A alegria lhe advém. A sensibilidade pelo outro e o senso de solidariedade acontecem na vida desse favelado. Não é Deus que se manifesta? Deus não aparece exatamente nessa dimensão? A nossa objetivação de Deus como um Ente Supremo impede-nos de ver essas manifestações da vida humana com ad-vento e e-vento divinos. Mas devemos habituar-nos a experimentar Deus que nasce assim dentro da vida humana – mesmo a mais banal.

B) Deus como experiência do vazio da vida

Não experimentamos a cada momento nossa fragilidade? Tudo o que fazemos e construímos, mesmo com a melhor boa vontade e pureza de coração, é fugaz. Pode estragar-se ou ser malcompreendido. Nossa harmonia interior está sempre por se elaborar. Nunca é uma conquista que nos satisfaça plenamente. No fundo de todo o nosso agir palpita sempre uma ansiedade que nenhum psicanalista pode erradicar, pois ela é ontológica. Há uma última solidão que fere o coração de existência. Regiões e momentos de nossa vida existem em que ninguém pode estar ao nosso lado. E jamais poderá estar. Devemos assumir sozinhos, numa radical e solitária responsabilidade, o destino de nosso caminhar. A finitude que sentimos só é possível a partir daquilo que não é finitude. Só a partir do ilimitado, sentimos nossa limitação. Só quem vive a liberdade sofre com a escravidão. Quando sentimos e sofremos o limite, já estamos também para além dele. Surpreendemo-nos no horizonte aberto do infinito. Estamos sempre enquadrados numa situação dada, mas ao mesmo tempo nos autotranscendemos e nos superamos a nós mesmos. Somos eternos protestantes face a tudo o que encontramos à nossa volta ou que nós mesmos temos construído. A experiência de nosso limite, de nosso muro, de nossa fragilidade, numa palavra, de nossa imanência, nos con-voca para a experiência do ilimitado, da abertura total e do absoluto. Esta experiência é condição daquela. Não é porventura a infinitude, o ilimitado, o absoluto o nome que damos ao Mistério que se anuncia dentro dos quadros de nossa vida? Não é a dia-fania sofrida de Deus que detectamos?

C) Deus como experiência da plenitude da vida

Não fazemos a experiência do amor como experiência daquilo que acontece em nós, mas que é maior do que nós? Sentimo-nos amados pelo outro numa absoluta gratuidade, gratuidade que acolhe nossa fragilidade e aceita nossa profunda limitação que, de per si, poderiam matar o amor ou tirar as razões para o outro continuar amando. E, contudo, acontece o amor. Não amamos também nós de uma forma que não pode ser justificada por um fundamento racional, acolhendo a historicidade e a pequenez do outro, suas negatividades, o fato absoluto de que ele passou pelo nosso caminho e se deu o milagre do encontro? Ninguém preparou nada. Ninguém marcou a encruzilhada. E contudo existe o milagre do encontro surpreendente do amor. Se observarmos bem, o que amamos quando amamos outra pessoa? É alguma coisa determinável como a beleza, a inteligência, a meiguice, a bondade, a sintonia com nós mesmos? Mas, se assim fora, não amaríamos a pessoa, mas alguma coisa da pessoa. Na verdade, amamos a misteriosidade da pessoa, misteriosidade que se manifesta em tantos gestos e em tantas dimensões identificáveis, mas que também deixam sempre a ser descoberta a realidade intrigante da pessoa amada. Esse mistério é vivo e pessoal, transcende totalmente as determinações e concreções da pessoa. Por que a linguagem dos namorados se aproxima da linguagem do divino, nas juras de amor eterno, de absoluta fidelidade e entrega irrestrita? Não é porque o que está em jogo no amor é o mistério do amor, o fascínio da transcendência viva, isto é, Deus mesmo? O amor humano é revelação, mais ainda, é comunicação desse Amor maior. A pessoa é o lugar e a manifestação encarnada do Deus do amor e do amor de Deus e seu e-vento de doçura na história dos homens. Quem é Deus na sua última profundidade, só podemos apreendê-lo a partir da experiência do amor. Dessa experiência deu prova o Novo Testamento ao afirmar que "Deus é amor" (1Jo 4,8).

Por isso o amor faz a dolorosa experiência: o tu humano não é a última instância; ele não satisfaz a exigência do coração por um Tu absoluto. O tu humano se ordena ao Tu absoluto; é sua presença sacramental; é figurativo de um outro Amor. O tu humano deve juntar-se ao eu amado e, juntos, colocar-se na direção do Tu absoluto. Então o amor se torna perfeito, porque morre para si mesmo a fim de ressuscitar num Amor maior, que é o próprio Deus.

Deus emerge também em toda a experiência do outro. Diante do outro não estou diante de um objeto que posso logo enquadrar em algum esquema. Não há ficha que possa captar totalmente a pessoa humana. Ela nunca se ajusta adequadamente a uma situação nem pode ser definida a partir de suas circun-stâncias. No fundo, cada pessoa é *uma* pessoa, única e irrepetível. Ela, pela sua simples presença, significa uma convocação para a Transcendência viva. O ser humano, já o dissemos tantas vezes, representa um projeto infinito e um mistério aberto sobre o inteiro universo. Esse mistério não é o resíduo do ainda não conhecido ou pesquisado. Mas é exatamente aquilo que antecede a todo o conhecimento e se mostra ainda maior após todo o conhecimento. Que é o ser humano? Não é uma pergunta cuja resposta se exaure pela abordagem da ciência. Trata-se de uma questão existencial e não teórico-crítica. Por isso cada qual deve responder por si mesmo, ao longo da caminhada da própria existência. À medida que vai caminhando, também se vai abrindo o horizonte da pergunta e se vai construindo a autodefinição pessoal.

A experiência última do homem não é mais homem; é a experiência daquilo que transcende o homem; é a experiência do Mistério. Cada homem, por mais pecador e miserável que seja, não pode apagar a Transcendência que se torna transparente em seu semblante. Ele é sempre maior do que todos os seus crimes; maior do que todos os seus arroubos de amor e de mística. Nele flui uma torrente de bondade, palpita uma profundidade misteriosa, irrompe um *além* que constitui a permanente diafania de Deus no mundo. Por isso, o ser humano assoma como o maior sacramento de Deus. Eis de onde provém toda a sacralidade da pessoa humana; daí toda a sua respeitabilidade; daí a identidade afirmada por Cristo entre o amor ao próximo e o amor a Deus. O amor não é mandamento meramente voluntarístico: assim é porque Deus simplesmente o quer. Deus o quer porque ele é o mais importante que existe. E o ser humano é o lugar de sua aparição e realização privilegiada e consciente.

Já há muito que biólogos renomados como Humberto Maturana e Fritjof Capra vêm afirmando a base biológica do amor. Ele se encontra na estrutura de toda realidade, que é sempre urdida de relações, de cooperação, de comunhão e de inclusão. O amor é aquela força que tudo liga e re-liga e que permite que as coisas formem um cosmos e não permaneçam no caos. Portanto, o amor possui um fundamento ontológico: sua inclusão na estrutura da própria realidade objetiva. No ser humano, esse dado objetivo se transforma num projeto assumido com consciência e em plena liberdade. Através do amor, Deus mesmo continua se autodoando e fazendo história dentro da história humana, pessoal e coletiva. Amando o outro, na radicalidade, estamos amando a Deus. "Se viste a teu irmão, então viste a Deus", disse um dos primeiros teólogos cristãos, Clemente de Alexandria (*Stromateis* 1,19), ainda no século segundo.

A experiência de Deus no ser humano deve, sempre de novo, superar a tentação de uma compreensão fechada da realidade humana. Seguramente o ser humano é aquilo que dele podemos saber, detectar, analisar, decifrar com o auxílio da observação pessoal ou com o recurso ao aparato das ciências. Mas nesse esforço permanece algo não dito, não analisado, não decifrado no dito, no analisado e no decifrado. Essa sobra representa a misteriosidade inalcançável da realidade humana. Ela funda a base para colocarmo-nos diante de Deus, também experimentado como Mistério de sentido, de luz e de enternecimento.

Poderíamos alongar-nos indefinidamente na análise de situações existenciais, nas quais transparece a realidade divina. Todas essas experiências, que se dão na cotidianidade da vida, são, na verdade, articulações da única experiência unitária, articulações daquilo que nós chamamos Deus. Deus, portanto, não vem de fora, nem se dá somente em situações privilegiadas da vida, mas está sempre presente na trama de toda a existência. Emerge, torna-se ad-vento e e-vento.

Pode haver momentos de absoluta gratuidade nos quais não se pergunta mais: sabe-se que Deus aconteceu na vida. Irrompe uma harmonia, uma derradeira quietude interior, uma unidade de todas as coisas, ligadas a uma única raiz de onde vivem, ex-istem e sub-sistem. Podem acontecer momentos assim na vida. Talvez após um longo processo catártico; após penosas crises; quem sabe, no coração de uma vida alienada e pecaminosa. Deus pode emergir não mais como pergunta nem como resposta ao questionar irrequieto do coração. O ser humano experimenta, então, sua grandeza infinitamente maior do que aquela do cosmos; sente-se o sacerdote de toda a criação; agradece o fato de poder viver; dá graças e canta loas em nome de tudo e de todos; pode então invocar o Mistério que experimenta: "Senhor, apesar de toda pequenez, posso deixar que tudo penetre em mim, posso distender-me para o mais distante do universo. Num momento posso tomar tudo em minhas mãos e tudo te oferecer como numa missa cósmica, louvar-te como o Senhor, dar-te graças porque posso dar graças e dizer: Aconteça o que acontecer, das profundezas de meu nada e do fundo dos infernos, não deixarei de te louvar e eternamente te agradecer".

Se isso acontecer, saiba, então, que Deus terá irrompido em sua vida. Ele há de lhe ser mais real do que sua própria realidade humana; há de existir mais seguramente do que você mesmo existe. Pois armou tenda em você o Absoluto. Revelou-se o que lhe concerne definitivamente e lhe dá o sentido de todo o viver. É nessa oportunidade que você talvez faça a experiência mais gratificante da vida: sentirá a necessidade de agradecer e saberá a quem dirigir-se: a Deus.

9
A experiência cristã de Deus

Até aqui tentamos articular a experiência de Deus que se efetua na vida humana. Não se falou propriamente ainda da experiência cristã de Deus. Há uma experiência tipicamente cristã de Deus? Ou melhor: Como se mostrou o Deus do Mistério no caminho de Jesus Cristo, fundamento do cristianismo?

Muito abstratamente podemos dizer: no cristianismo articulou-se a experiência do Mistério como história do Mistério. O Sentido não ficou di-fuso, pro-fuso e con-fuso dentro da realidade. Ele armou tenda entre nós e se chamou Jesus Cristo (cf. Jo 1,14). O Mistério é tão radicalmente Mistério que pode, sem perder sua identidade, fazer-se carne e história. Ele pode subsistir totalmente num Outro diferente dele. Se assim não fora, não mostraria sua onipotência nem seu caráter de Mistério. Então, sendo vida, Ele pode morrer. Fazendo-se morte, Ele pode viver. Ele pode, sendo impalpável, fazer-se palpável; sendo invisível, fazer-se visível; sendo Criador, fazer-se criatura. Diz o Apóstolo João: "O que ouvimos, o que vimos com nossos olhos, o que contemplamos e o que as nossas mãos apalparam tocando o Verbo da Vida – [...] Vida eterna que estava com o Pai e nos foi manifestada – o que vimos e ouvimos vo-lo anunciamos [...]" (1Jo 1,1-3).

A fé cristã, como mostra esse texto joaneu, testemunha a história de Deus que, sendo Infinito e Transcendente, fez-se finito e imanente como uma parte de nosso mundo. Celebra a absoluta autocomunicação de Deus; canta a radical proximidade do Mistério; alegra-se com a benignidade de nosso Deus. A benignidade, a proximidade e a autocomunicação são experimentadas como amor irrestrito, bondade sem limites, perdão pleno e presença misericordiosa de Deus dentro da própria realidade humana. Esta se torna diáfana, transparente. A vida do homem Jesus é a vida de Deus; o amor do homem de Nazaré são o perdão e a aceitação de Deus mesmo. Nele transcendência divina e imanência humana se encontram, fazendo que ele seja transparente a Deus.

Essas afirmações podem significar um escândalo para todas as filosofias e teologias apofáticas, vale dizer, aquelas que negam qualquer valor às nossas afirmações acerca de Deus. Parecem blasfemas para quem afirma a total não objetividade do Mistério; soam idolátricas para quem afirma a absoluta transcendência do Mistério sem possibilidade de se acercar à nossa condição imanente. Contudo nos perguntamos: Sabemos o que é o Mistério? O Mistério se dá no compreensível e no incompreensível, no além e no aquém, na história e na superação da história. Isso significa: pertence ao Mistério fazer-se totalmente outro dele mesmo. O Totalmente Outro do Mistério é sua *kénose*, vale dizer, sua autonegação e humilhação. Isso é fazer-se criatura, escravo; de escravo, um crucificado; de crucificado, um condenado aos infernos. Esse foi o caminho de Jesus Cristo, foi o caminho do *Deus inversus* (cf. Fl 2,6-8). Com isso entrou uma nova possibilidade da linguagem religiosa: é a linguagem que narra a história deste evento, do evento da doçura e da jovialidade divinas que, por amor ao ser humano, humilha-se e vai até o fim (cf. Jo 13,1). Como ocorreu esta história de Deus encarnado no mundo?

A) A experiência de Deus de Jesus de Nazaré

Se Deus emerge de dentro de nosso mundo, como emergiu de dentro do mundo de Jesus de Nazaré? É situando Jesus dentro de seu mundo que aparece a originalidade de sua experiência de Deus[1]. Certamente o Deus de Jesus de Nazaré é o Deus da experiência dos pais da fé abraâmica do Primeiro Testamento. Mas também é um Deus experimentado de uma maneira profundamente diversa, porque a encarnação de Deus não visa sancionar o que já sabíamos dele senão revelar-nos definitivamente quem e como Deus realmente é em si mesmo. Não podemos olvidar que o móvel último da condenação de Jesus não residiu tanto na discordância com os fariseus quanto à interpretação da Lei, mas pelo fato de Jesus ter apresentado um Deus de amor e de perdão, um Pai com características de mãe, portanto, devido a uma experiência diferente de Deus.

---

1. GRANT, R.M. *Le Dieu des premiers chretiens*. Paris: Seuil, 1955. • PEZERIL, D. Le Dieu de Jésus Christ. In: *N'avons-nous pas le même l'ère?* Paris: Le Chalet, 1972, p. 111-129. • SCHIERSE, F.J. "Der Gott Jesu, ein neuer Gott?" *Wort und Wahieit 26*, 1971, p. 197-203. • KESSLER, H. Der neue, erlösende Coli Jesu. In: *Erlösung als Befreiung*. Düsseldorf: [s.e.], 1972, p. 74-95. • BIANK, J. *Jesus von Nazarelh*. Herder: Geschichte und Relevanz, 1972, p. 58-68. • RAHNER, K. & THOSING, W. *Christologie* – Systematisch und exegetisch. Herder: [s.e.], 1972, p. 28-33, 133-140. • GUILLET, J. *Jésus devant sa vie et sa mort*. Paris: [s.e.], 1971, p. 221-242. • BOFF, L. *Jesus Cristo Libertador*. Petrópolis: Vozes, 1972. • SOBRINO, J. *Jesus, o Libertador*. Petrópolis: Vozes, 1994.

a) Um mundo oprimido interior e exteriormente

O mundo em que viveu Jesus de Nazaré era profundamente oprimido sob um regime geral de dependência, herdada de há muito tempo[2]. A Palestina vivia na dependência e na periferia dos grandes impérios, praticamente, desde 587 a.C. Até 538 a.C., da Babilônia. Até 331 a.C., da Pérsia. Até 323 a.C., da Macedônia de Alexandre. Até 197 a.C., do Egito dos Ptolomeus. Até 166 a.C., da Síria dos Selêucidas. Em 64 a.C., cai sob a esfera do imperialismo romano. No ano 40 de nossa era, Herodes, filho do ministro idumeu de Hircano, Antípater, por decreto do Senado é proclamado rei dos judeus. Era um rei pagão, sustentado pelo centro, Roma. Essa dependência exterior era internalizada pela presença das forças de ocupação, pelos cobradores de impostos, pelo partido dos saduceus que faziam o jogo da política romana. Mas também pela presença da cultura romano-helenística que tornava a opressão mais odiosa e aviltante, dado o caráter religioso e segregacionista dos judeus. Depois da morte de Herodes, o reino é dividido entre seus filhos (cf. Lc 3,1-2); posteriormente, a Judeia passa a ser governada por um procurador romano.

Socioeconomicamente, a Galileia, terra de Jesus e cenário principal de sua atividade de pregador ambulante, é uma região bem ocupada e trabalhada pela agricultura. A profissão da

---

2. BOFF, L. "Foi Jesus um revolucionário?" *REB 31*. Petrópolis: Vozes, 1971, p. 97-118, onde se estuda a bibliografia desde o fim do século XIX até 1971. • GONÇALVES, L. *Jesus e a contestação política*. Petrópolis: Vozes, 1974. • HENGEL, M. *Eigentum und Reichtum in der frühen Kirche* – Aspekte einer frühchristlichen Sozialgeschichte. Sttugart: [s.e.], 1973, p. 31-39.

família de Jesus era a de um *téknon* que podia significar tanto carpinteiro quanto cobridor de telhados. Trabalho havia para todos, mas o bem-estar não era grande. Desconhecia-se o sistema de poupança, de sorte que uma carestia ou doença maior provocavam êxodos rurais em demanda de trabalho. Os diaristas, então, amontoavam-se nas praças das cidades (cf. Mt 20,1-15) ou se punham a serviço de um grande proprietário até saldarem suas dívidas[3]. A lei mosaica que dava ao primogênito o dobro dos demais acarretava, indiretamente, o crescimento de assalariados que, não encontrando emprego, tornavam-se um verdadeiro proletariado, composto de mendigos, vagabundos e ladrões. Havia ainda os ricos possuidores de terras, que espoliavam os camponeses na base de hipotecas e expropriações por dívidas não pagas. O sistema tributário era pesado e detalhado; havia imposto para quase todas as coisas; sobre cada membro da família, terra, gado, plantas frutíferas, água, carne, sal e sobre todos os caminhos. Herodes, com suas construções faraônicas, empobreceu o povo de forma extremamente sensível.

A dominação estrangeira constituía para o povo uma verdadeira tentação para a fé nas promessas e no senhorio de Deus sobre o mundo a partir de Jerusalém. Os vários movimentos de libertação, especialmente o dos zelotas, tentavam preparar ou até provocar, com a violência, a intervenção salvadora de Deus. Quanto maior era a dependência e opressão, mais intensa ainda ardia a esperança e a expectativa da intervenção iminente de Deus (cf. Lc 3,15), exacerbada pela bizarra

---

3. JEREMIAS, J. *Les paraboles de Jesus*. Paris: [s.e.], 1964, p. 194-199.

fantasia dos apocalípticos que viam facilmente sinais em todas as coisas, prenunciando a instauração do Reino de Deus e a liquidação de todos os inimigos do povo.

A verdadeira opressão, contudo, não residia na presença do poder romano, mas na interpretação legalista da religião e da vontade de Deus corroborada especialmente pelos fariseus[4]. A lei, que devia auxiliar a encontrar o caminho para Deus, degenerara com o peso das tradições, das interpretações rabulísticas e das minúcias mesquinhas, numa terrível escravidão imposta em nome de Deus (cf. Mt 23,4; Lc 11,46). Cristo chega a desabafar: "Fico bobo de ver como vocês conseguem esvaziar o mandamento de Deus, para fazer valer a tradição de vocês"! (Mc 7,9). Tudo era medido em termos de lei – quem é próximo e quem não o é, quem é puro e quem não o é, quais são as profissões mal-afamadas – gerando discriminações sociais. Os fariseus observavam tudo ao pé da letra e aterrorizavam o povo, obrigando-o a também observar tudo estritamente. Diziam: "Maldito o zé-povinho que não conhece a lei" (Jo 7,49). Embora perfeitíssimos, possuíam uma distorção fundamental, denunciada por Jesus: "Não se preocupam com a justiça, com a misericórdia e com a boa-fé" (Mt 23,23). A lei, ao invés de auxílio, tornou-se uma prisão dourada, mas sempre prisão. Querendo se autoassegurar da salvação, o ser humano se fechou sobre si mesmo contra os outros e, por fim, contra o Deus vivo. Para o fariseu, viva é a Lei e não Deus. Transmitia um conceito

---

4. MESTERS, C. Jesus e o povo: qual foi a libertação que Ele trouxe para o povo de seu tempo? In: *Palavra de Deus na história dos homens*. Vol. 2. Petrópolis: Vozes, 1971, p. 135-181.

fúnebre de Deus, pois Ele não se fazia presente, era como se estivesse morto e tivesse deixado como testamento um amontoado de leis e normas a garantirem a além-vida no seio de Abraão. Os que viviam à margem dessa compreensão legalística se consideravam perdidos, desesperados e abandonados por Deus e, ainda, socialmente difamados. Os doentes eram instruídos a interpretar suas doenças como pecados pessoais ou de seus antepassados. Triste e verdadeiramente oprimida era a condição humana quando Jesus começou sua atividade pública.

b) Deus experimentado como libertação e absoluto sentido

Nesse pano de fundo deprimente e opressor emerge a figura de Jesus de Nazaré. Dentro dessa situação Ele vive e experimenta Deus. Como lhe aparece Deus em sua vida? Deus nasce em sua experiência como o Libertador dessas opressões. Sua primeira palavra é de libertação: "O Espírito está sobre mim, porque me ungiu para proclamar a boa-nova aos pobres. Ele me enviou para pregar aos cativos a liberdade, aos cegos a recuperação da vista, para libertar os oprimidos, para anunciar um ano de graça do Senhor" (Lc 4,18-19)[5]. Ele grita para todos: "O prazo da espera expirou. O Reino de Deus está aí. Mudem de vida! Acreditem nesta Boa Notícia" (Mc 1,15).

Face a uma situação global de opressão interior e exterior, Jesus encontra Deus como total libertação. Reino de Deus é a palavra-chave que exprime sua experiência. Deus resolveu in-

---

5. SAMAIN, E. "O discurso-programa de Nazaré (Lc 4,16-19)". *REB 34*. Petrópolis: Vozes, 1974 [número de junho].

tervir e pôr termo a esse mundo sinistro dominado por forças adversas ao homem e a Deus. Reino de Deus significa o sentido radical para esse mundo, livre do pecado, do ódio, do sofrimento e da morte. A utopia, objeto de anelo de todos os séculos, agora se realiza como ridente acontecimento, pois as doenças já estão sendo curadas (cf. Mt 8,16-17), o luto já se transforma em alegria (cf. Lc 7,11-17), os elementos da natureza já não são mais inimigos (cf. Mt 8,27), os pecados são perdoados (cf. Mc 2,5), os demônios são exorcizados (cf. Mt 12,28) e a morte está sendo banida para sempre (cf. Mc 5,39). Deus, o sentido do mundo, reconciliado e transfigurado, eis o que a expressão *Reino de Deus* quer significar. Por isso "felizes vocês, pobres, porque o Reino de Deus lhes pertence; felizes vocês, que padecem fome, porque serão fartos; felizes vocês, que agora choram, por que irão rir" (Lc 6,20-21).

Não se trata mais de libertações regionais, seja políticas, seja religiosas. A criação toda será libertada em todas as suas dimensões. Isso não constitui apenas anúncio profético e utópico; profetas judeus e pagãos de todos os tempos sonharam e pregaram o advento de um novo mundo. Nesse nível do anúncio, Jesus se enfileira na lista dos grandes profetas da humanidade. Mas não é nisso que reside sua originalidade. Ele realiza utopia. Não diz: "O Reino virá", mas "o Reino já foi aproximado" (Mc 1,15; Mt 4,17) e "já está em vosso meio" (Lc 17,21). Ele experimenta Deus presente agindo e ultimando sua vitória final, através de sua proclamação e ação de profeta, curador e taumaturgo: "Se eu expulso demônios pelo dedo de Deus, sem dúvida, o Reino de Deus chegou a vós" (Lc 11,20). Ele se experimenta agindo em nome de Deus, porque se sente o mais forte que vence o forte (cf. Mc 3,27). Aqui está a novidade perene de Jesus. Com Ele Deus está em nosso meio.

c) Deus experimentado como Pai e Mãe de infinita bondade

Essa presença do Reino exige total adesão. Há que estar aberto para o *Deus presente*. Mas que face possui esse Deus? É ainda o Deus da Lei que cobra a observância irrestrita e minuciosa ao estilo dos fariseus? Os evangelhos mostram duas dimensões de Jesus totalmente paradoxais: uma extremamente rigorista e outra liberal[6]. Por um lado, apresentam Jesus que em nome de Deus faz exigências mais duras do que aquelas dos fariseus. Ele é um rigorista: não apenas o matar, mas já o irritar-se faz alguém ser réu de juízo (cf. Mt 5,21-22); não apenas o adultério consumado, mas já o olhar cobiçoso faz alguém adúltero (cf. Mt 5,27-28); "se o olho direito for ocasião de escândalo, arranca-o e joga-o para longe; se a mão direita te escandalizar, corta-a e atira-a para longe de ti" (Mt 5,29-30). Todo o teor do Sermão da Montanha radicaliza as exigências da Lei, levando a observância no nível do impossível para o pobre homem mortal. Por outro lado, os evangelhos mostram um Jesus soberano face à lei a ponto de ser considerado laxista pelos piedosos do tempo que se escandalizavam (cf. Mt 13,53-58). Não se incomodava com a observância rigorosa do sábado; mais importante que o sábado é a pessoa humana (cf. Mc 2,23-26; Lc 6,6-10; 13,10-17; 14,1-6; Mc 2,27). Ele e seus discípulos não

---

6. NIEDERWIMMER, K *Jesus* Göttingen: [s.e.], 1968, p. 53-70. • ERNST, J. *Anfänge der Christologie* (Stuttgarter Bibel-Studien 57). Stuttgart: [s.e.], 1972, p. 145-158.

eram ascetas como os discípulos de João (cf. Mc 2,18); acusavam-no de glutão e beberrão (cf. Lc 7,34; Mt 11,19); critica a distinção de próximo e não próximo (cf. Lc 10,29), porque "próximo é todo aquele de quem eu me aproximo, tanto faz se judeu ou pagão, santo ou celerado"; fulmina, sobranceiro, as leis de purificação: não é o que entra, mas o que sai do ser humano que o faz impuro. O que entra não passa pelo coração, mas passa para o estômago e acaba parando na privada (cf. Mc 7,19). Acolhe todo o mundo, especialmente os que eram considerados pecadores públicos, como os exatores de impostos, com quem come (cf. Lc 15,2; Mt 9,10-11), doentes e leprosos (cf. Mc 1,41), uma herege samaritana (cf. Jo 4,7). Prefere os publicanos, as prostitutas e os pecadores aos piedosos e teólogos (cf. Mt 21,31). No Evangelho de João encontramos esta frase libertadora de Jesus: "Se alguém vem a mim, eu não o mandarei embora" (Jo 6,37).

Como se há de entender este paradoxo: por um lado rigorista e por outro liberal? Se tomarmos a Lei como medida de julgamento, não conseguiremos entender o paradoxo, porque um elemento exclui o outro. Esses dois aspectos opostos só são compreensíveis e revelam sua unidade interior se considerarmos a experiência típica que Jesus fez de Deus. O rigorismo, na verdade, não é rigorismo da Lei; é um rigorismo que ajuda a abandonar a absolutização da Lei e confiar-se a um Deus que está acima e para além da Lei. Jesus fez a experiência de Deus não como juiz vigilante da Lei, mas de Deus como Pai de infinita bondade. *Abba* é a *ipsissima vox Jesu* (palavra que vem diretamente da boca de Jesus) e quer dizer "papaizinho", linguagem familiar e íntima, exprimindo toda a intensidade afetiva da experiência de Jesus. "Jesus falou com Deus como uma criança fala com seu pai, cheia de confiança e segura e, ao mesmo tempo, respeitosa e disposta à obediência"[7]. Com esse Deus-Pai nos relacionamos com incondicional amor e total entrega. Não basta cumprir a Lei. O amor não conhece limites; alcança para além das leis; torna estas até absurdas, porque o amor não é objeto de legislação. Daí nunca podermos estar satisfeitos no nosso amor para com Deus e para com o próximo. Somos sempre devedores. Jesus eliminou de vez a consciência satisfeita de quem presume ter cumprido todo o dever para com Deus; a consciência de estar em dia com Deus e de poder cobrar dele a promessa que fez ao seu povo e aos que o amam. Jesus dizia: "Depois de terem feito tudo o que está prescrito, vocês devem dizer: 'Somos simples empregados; fizemos apenas o que era o nosso dever'" (Lc 17,10). Eliminou qualquer título de glória e de mérito perante Deus, quando desclassificou o fariseu que se gabava de suas boas obras e deu razão ao publicano que batia no peito e apenas dizia: "Meu Deus, tenha compaixão de mim que sou um pobre pecador" (Lc 18,13)[8]. Por mais que façamos, somos sempre devedores diante de Deus. O rigorismo de Jesus se entende não a partir da observância da Lei, mas a partir das exigências do amor que não suporta, sem morrer, limites de qualquer natureza.

O fariseu é rejeitado porque, fazendo obras boas, dando esmolas e jejuando, julga-se justo. Ninguém deve se reputar

---

7. JEREMIAS, J. *Teología del Nuevo Testamento*. Vol. 1. Salamanca: [s.e.], 1974, p. 87. • Id. Abba. In: *Abba, Studien zur neuteslamenllichen Theologie und Zeitgeschichte*. Göttingen: [s.e.], 1966, p. 15-82.
8. MESTERS, C. Op. cit., p. 157.

justo e bom. Só Deus (cf. Lc 18,19). Diante de Deus, somos todos publicanos, isto é, pobres pecadores. Reconhecermo-nos pecadores, nos faz justos; reconhecermo-nos justos, nos faz pecadores. É o que nos ensina a parábola do publicano e do fariseu (cf. Lc 18,9-14). O rigorismo não é, portanto, da Lei, mas do amor.

A luz de Deus como Pai amoroso se entende o liberalismo de Jesus. Não se trata de desobediência à Lei e anarquia moral. É a forma do amor que superou as divisões que a Lei havia introduzido entre puros e impuros, próximos e não próximos, bons e maus. O amor é irrestrito: ama tudo e todos. Pois é assim que Deus ama: "Ele é bondoso para com os ingratos e maus" (Lc 6,35). Ele ama indistintamente a todos, pois "faz nascer o sol sobre os maus e bons e faz chover sobre os justos e injustos" (Mt 5,45). Para o amor não há mais puros e impuros, não há mais próximos e não próximos, não há mais bons e maus. Todos são dignos de amor, porque Deus fê-los dignos de seu amor. Daí se entende o apelo de Jesus: "Sede miseri-*cor*-diosos como vosso Pai é miseri-*cor*-dioso" (Lc 6,36). Um dos traços mais característicos da experiência do Deus de Jesus consiste no fato de Ele ser misericordioso. Ser misericordioso significa ter entranhas e um coração sensível como tem uma mãe. Por pior que seja seu filho, ela sempre o acolherá e o abraçará em seu perdão. O que saiu de suas entranhas, jamais será esquecido e negado. Por isso, as características do *Abba*, de Deus-Pai, são femininas. Deus-Pai é somente e plenamente Pai quando também é Mãe de infinita misericórdia e bondade. Isso nos permite que falemos de Deus-Pai-e-Mãe ao nos referirmos ao Deus da experiência de Jesus.

Jesus não é liberal e laxista porque come com os pecadores, deixa que os impuros se aproximem dele e porque se detém a conversar com uma pecadora conhecida na cidade (cf. Lc 7,36ss.). Com essa atitude consciente Jesus quer mostrar o amor que Deus tem a todos esses mal-afamados. Ele está amando como o Pai ama, pois Ele faz a experiência de amor e bondade do Pai. Seu Deus é o Deus do filho pródigo (cf. Lc 15,11-32), o Deus que corre atrás da ovelha tresmalhada (cf. Lc 15,4-7), o Deus que perdoa os dois devedores que não tinham com que pagar (cf. Lc 7,41-43), o Deus do patrão bom que paga bem tanto os que trabalharam mais quanto os que trabalharam menos (cf. Mt 20,1-15). Para Jesus, pobres não são apenas os economicamente pobres, mas todos os que sofrem alguma opressão, como as prostitutas e os doentes crônicos, os que não podem defender-se por si mesmos, os desesperançados, os que acham que não têm mais salvação[9]. Todos esses devem sentir Deus como Pai bondoso e Mãe misericordiosa que perdoa a culpa e convida para a comunhão com Ele.

Jesus não transmitiu uma doutrina sobre a bondade infinita de Deus-Pai-e-Mãe. Ele mostrou essa bondade sendo Ele mesmo bondoso, circulando com os pecadores e dando confiança aos desamparados social e religiosamente. Não faz isso por puro humanitarismo, mas como tradução concreta de sua experiência de Deus como Pai e amor, como graça e perdão. Porque se sente totalmente amado e aceito pelo Pai, Ele também aceita e ama a todos: "Se alguém vem a mim, eu não o mandarei embora" (Jo 6,37).

---

9. JEREMIAS, J. Op. cit., p. 138.

d) Jesus possuía uma visão contemplativa do mundo

Jesus não se apresenta como um teólogo que reflete e expõe uma doutrina sobre Deus. Ele age com absoluta imediatez e evidência de Deus. Deus não é fruto de raciocínios. Nem se chega a Ele através de uma iniciação mistagógica. Deus lhe é transparente, uma evidência experimental, próximo e, ao mesmo tempo, para além deste mundo. Vê sua ação em todas as coisas e se sente unido a essa ação: "Meu Pai continua a trabalhar até agora, por isso eu também trabalho" (Jo 5,17).

Essa imediatez da experiência de Deus que nós anteriormente chamávamos de transparência de Deus, confere a Jesus uma visão contemplativa da vida. Ele não lê o mundo profanamente, mas sempre em sua referência a Deus que não está ligado a lugares privilegiados, ao tempo, a ações litúrgicas, ou a orações, mas está presente em todos os tempos e lugares. Ele empapa a realidade com sua misteriosa presença. Vê todos os lírios dos campos, as aves do céu, a semente que é semeada, contempla a videira e um campo cultivado... mas vê na profundidade essas realidades todas. Elas recordam Deus que veste os lírios dos campos e alimenta os pardais; a semente é a Palavra de Deus; Deus é o agricultor, Ele é a videira e nós somos os ramos. Em tudo lê a vontade de Deus, não apenas na Lei e nos Profetas. Sua experiência de Deus-Pai-e-Mãe presente é tão intensa que se abandona inteiramente aos seus cuidados. Ele cuida de seus filhos e filhas, com o comer, o vestir e o morar. Quer libertar as pessoas das preocupações pelo amanhã (cf. Mt 6,24-34).

Podemos dizer que todas as dimensões da vida, positivas e negativas, são para Ele pro-vocações para remeter-se a Deus.

Ouve, na crônica da época, do desfalque de um gerente de firma e como foi esperto para safar-se bem dessa situação penosa (cf. Lc 16,1-12). Isso lhe serve de comparação para explicar as ocasiões que nos são oferecidas para mudar de vida. Um assaltante age de surpresa, sem aviso prévio. Essa constatação lhe sugere a vinda repentina do Filho do Homem (cf. Mt 24,43-44). As parábolas todas evidenciam como ele sabia tirar uma lição divina dos fatos mais corriqueiros da vida. Isso só é possível para quem se dimensiona contemplativamente face à vida. Esta não é vazia nem profana. Ela é penetrada pela presença de Deus-Pai-e-Mãe e Amor. Ela não é nem transcendente nem imanente. Ela é transparente para Deus. Jesus vivia a imediatez dessa presença.

e) Deus-Pai-e-Mãe leva a descobrir filhos e filhas como irmãos e irmãs

Como é de fato Deus-Pai-e-Mãe, aparece no relacionamento com as outras pessoas. Jesus não fala de Deus em si, como uma grandeza metafísica e fora do mundo, portanto transcendente. Refere-se a Ele sempre numa conexão com este mundo, portanto transparente, no interior de uma experiência concreta. A realidade de Deus-Pai-e-Mãe emerge quando o ser humano se torna capaz de descobrir no outro um filho e uma filha de Deus e um irmão e uma irmã sua. Aqui reside novamente um traço característico da experiência de Deus feita por Jesus. Ele não usa a palavra Deus sem vinculá-la concretamente ao ser humano. Os judeus usavam a palavra Deus justificando com ela o ódio ao inimigo (cf. Mt 5,43), as divisões entre puros e impuros, assim como nos tempos atuais os fundamentalistas muçulmanos usam Deus-Alá para legitimar seu terrorismo contra o Ocidente. Deus era usado como instância superior em si, a partir da qual julgavam a existência. Deus para Jesus emerge exatamente dentro da vida e no relacionamento com os outros. Cada pessoa vale mais do que tudo (cf. Mt 6,26); é mais importante que a observância do sábado pela qual o povo eleito acreditava participar da celebração do sábado que Deus mesmo com seus anjos celebrava nos céus (cf. Mc 2,27); cada pessoa é mais importante que o culto (cf. Lc 10,30-37), que o sacrifício (cf. Mt 5,23-24; Mc 12,33); vale mais do que espetaculares objetivos revolucionários (cf. Mt 11,12), mais do que ser piedoso e observante das sagradas leis e tradições (cf. Mt 23,23).

Deus quer ser servido nos outros e não tanto em si mesmo. Sempre que se fala do amor a Deus, fala-se também do amor ao próximo (cf. Mc 12,31-33; Mt 22,36-39 par.). É no amor ao próximo que se decide a salvação. Quando alguém pergunta a Jesus o que se deve fazer para lograr a salvação, Ele responde citando os mandamentos da segunda tábua, todos referentes ao próximo (cf. Mc 10,17-22). Jesus increpa os fariseus porque não se preocuparam "com o mais grave da Lei: justiça, misericórdia e boa-fé" (Mt 23,23). Isso não é simplesmente humanismo secular, como poderia parecer à primeira vista. É o único e verdadeiro humanismo, de transfundo divino, porque Deus mesmo se identificou com os mais necessitados (cf. Mt 25,31-45), com as criaturas mais marginalizadas e desprezadas (cf. Mt 25,35-40). Elas são a epifania de Deus, o lugar onde Ele marcou o encontro que significa salvação eterna.

São João irá traduzir maravilhosamente a unidade do amor ao próximo com o amor a Deus, presente na pregação de Jesus:

"Se alguém disser: 'Amo a Deus', mas odeia seu irmão, mente. Pois quem não ama seu irmão, a quem vê, não é possível que ame a Deus, a quem não vê. E nós temos dele este preceito, que quem ama a Deus também ame o irmão" (1Jo 4,20-21). O fundamento da identidade do amor de Deus com o amor ao próximo não reside no voluntarismo divino. É assim porque simplesmente Deus quis. Existe uma razão mais profunda, na ordem mesma do ser: Deus está presente de tal maneira no mistério do homem que amar o outro já inclui amar a Deus. Desde que Deus mesmo se fez um próximo, o amor ao próximo é também amor a Deus. À luz disso, entende-se que o amor se estenda também ao inimigo. Por pior que seja uma pessoa, ela não consegue ofuscar a beleza que encerra, pelo fato de Deus estar sempre presente dentro dela. É essa presença divina que faz amável até o inimigo, o ingrato e o pecador (cf. Lc 6,35).

f) Deus continua Pai-e-Mãe mesmo no extremo abandono

A bondade de Deus nada possui do romântico que tudo justifica e simplesmente aceita. Antes, pelo contrário: sua bondade é outra bondade, diante da qual todos somos imperfeitos. Apesar de nossa imperfeição, Deus nos aceita e nos ama. Deus, portanto, mostra-se onipotente e todo-poderoso na força que possui de suportar e de conviver com o ingrato e mau (cf. Lc 6,35). Ele serve a toda a humana criatura, independentemente de seu estado moral. Essa bondade de Deus é mais forte que todo o ódio e toda a injustiça na história e no universo. Jesus, com sua bondade, concretiza a bondade radical de Deus e nos confirma que ela terá sempre futuro.

Jesus fez a dolorosa experiência do fechamento de seus contemporâneos, aprisionados em suas próprias seguranças religiosas. Não devemos jamais olvidar o fato de que foram exatamente os piedosos que liquidaram Jesus. Em nome de Deus Ele veio anunciar e presencializar uma total libertação. Como foi aceito? Foi considerado blasfemo (cf. Mc 2,7), louco e fora de si (cf. Mc 3,21), impostor (cf. Mt 27,63), possesso (cf. Mc 3,22; Jo 7,20), herege (cf. Jo 8,48), subversivo (cf. Lc 23,2). De todos os modos foram contra, até decidirem sua liquidação violenta (cf. Mc 3,6; Jo 5,18; 11,49-50). Jesus entreviu a morte. Esta lhe pareceu hedionda e absurda (cf. Hb 5,7), porque significava a rejeição, por parte dos judeus, da oferta libertadora de Deus. Mas enfrentou-se com ela com extrema coragem pessoal.

A grande tentação do Getsêmani mostra a profundidade da angústia de Jesus e, ao mesmo tempo, sua resolução: "Afasta de mim este cálice; mas não seja o que eu quero, senão o que Tu queres" (Mc 14,36 par.). Mesmo que não entenda, o Pai o saberá; abandona-se totalmente à noite escura dentro da qual também está presente o Pai de amor e bondade. A tentação do Getsêmani perdura até no alto da cruz: "Meu Deus, meu Deus, por que me abandonaste?" (Mc 15,34). "Uma teologia que não leva a sério o fato de que o Filho de Deus se fez homem, homem fraco, homem mortal, sempre se escandalizará com a 'desesperança' humana de Jesus. Mas sem essa escuridão não se entenderia a totalidade da confiança de Jesus no Pai"[10]. A desesperança não foi a última atitude de Jesus. Ele se despoja radicalmente de si mesmo e se entrega totalmente ao Pai: "Pai,

---

10. ROMER, K.J. *Esperar contra toda esperança*. Rio de Janeiro: CRB 11, 1973, p. 20.

em tuas mãos entrego o meu espírito" (Lc 23,46). Jesus não renunciou a um sentido absoluto, mesmo face ao absurdo da morte conferida ao inocente que só amou. Continuou a confiar e a amar até o extremo (cf. Jo 13,1). A ressurreição mostrou que confiar assim na absoluta bondade do Pai não é sem sentido. A Vida triunfou sobre a morte e o Amor sobre o ódio. Nisto se revelou totalmente quem é Deus-Pai-e-Mãe: sua bondade não se deixa vencer por nada; Ele pôde transformar a cruz num caminho e num sinal de libertação. No caminho de Jesus de Nazaré, na vida, no sofrimento, na morte e na ressurreição se revelou Deus assim como Ele é. A experiência de Jesus foi o meio dessa revelação. Nela não se revelou apenas o Pai; foi-nos comunicado o mistério absoluto de Deus, subsistindo como Pai, Filho e Espírito Santo. É o que consideraremos agora.

B) A revelação da natureza íntima de Deus como comunhão de Pessoas na experiência de Jesus

É assente para a fé que foi Jesus Cristo quem revelou o mistério central do cristianismo, a Santíssima Trindade, a comunhão do Pai, do Filho e do Espírito Santo[11]. Dada a importância desse mistério, esperaríamos que Cristo nos comunicasse numa proposição formal: "Eu vos ensino o mistério absoluto de Deus, uma natureza divina, subsistindo em três Pessoas: Pai, Filho e Espírito Santo". Nada disso encontramos no Primeiro

---

11. SCHIERSE, F.J. A revelação trinitária neotestamentária. In: *Mysterium Salutis*, II/I, Petrópolis: Vozes, 1972, p. 77-118. • DUQUOC, C. "Le dessein salvifique de la révélation de la Trinté en Saint Paul". *Lumière et Vie*, 29, 1956, p. 67-94. • LAVALETTE, H. de. "Dreifaltigkeit". *LThK III*. 1959, p. 543-549.

Testamento. As poucas fórmulas trinitárias, particularmente Mt 28,19 ("Ide, pois, fazei discípulos meus todos os povos, batizando-os em nome do Pai e do Filho e do Espírito Santo"), nunca intencionaram ensinar formalmente uma doutrina sobre a Trindade. Estão sempre dentro de um outro contexto; neste caso de Mt 28,19, trata-se de um contexto missionário e batismal. Inicialmente o batismo era feito em nome do Senhor Jesus (cf. At 8,16; 19,5; 1Cor 1,13-15). Mas os catecúmenos, na catequese batismal, aprendiam que pelo batismo Deus-Pai enviaria a seus corações o Espírito de seu Filho, a fim de que pudessem exclamar com toda a confiança: "Abba, Pai" (Gl 4,6; Rm 8,15). Nessa breve fórmula se reúnem todos os elementos reveladores da Santíssima Trindade.

Essa revelação não se fez, entretanto, do modo que é comum para nós, formulando proposições verdadeiras e ensinando verdades conceptuais. O mistério trinitário se revelou no caminho concreto, na palavra, na atividade e na paixão e ressurreição de Jesus Cristo. A reflexão teológica posterior nos grandes concílios apenas explicitou numa linguagem própria de seu tempo – a da filosofia grega com os conceitos de natureza e pessoa – aquilo que já está claro, mas numa outra linguagem, no Primeiro Testamento e na gesta de Jesus Cristo[12].

---

[12]. Com muita razão nota Schierse: "Devemos sempre opor-nos ao equívoco intelectualístico, como se Jesus mesmo tivesse fornecido à doutrina cristã apenas indícios fracos pouco claros, ao passo que a verdade genuína e plena definida pela Igreja posterior. Na verdade vale o contrário: Jesus revelou, por sua palavra e obra, toda a verdade definitiva, sendo que todas as explicações posteriores não passam de tentames para melhor exprimir em conceitos um que outro aspecto parcial do processo da revelação". *Mysterium Salutis*, op. cit., p. 85.

A natureza íntima de Deus enquanto Pai, Filho e Espírito Santo se fez visível em Jesus de Nazaré. Em sua vida podemos ler a realidade trinitária, que não é a comunicação de uma curiosidade teológica, sem nada compreendermos dela, apenas que existe, senão que nos é revelado algo que tem a ver com a compreensão profunda do universo e do ser humano e que, por isso, está ligado à nossa salvação.

a) Como na vida de Cristo se revelou a Santíssima Trindade

Evidentemente não podemos descer a análises minuciosas para iluminar o caminho no qual se deu a revelação trinitária. Basta-nos mostrar a estrutura do processo revelador. As reflexões acima descobriram-nos a intimidade de Jesus com o Pai-e-Mãe. Por um lado, Jesus vive uma distância criacional de Deus-Pai-e-Mãe, pois reza, invoca e louva o Pai (cf. Mt 11,27); espera e crê nele com infinita ternura expressa pela palavra *Abba*, papaizinho. Sente-se, pois, diferente do Pai e permanentemente diante dele. Por outro, vive a experiência de ser Filho: "Tudo me foi entregue por meu Pai, e ninguém conhece o Pai senão o Filho e aquele a quem o Filho quiser revelá-lo" (Mt 11,27; cf. Mc 13,32). Comporta-se como o representante de Deus, assumindo atitudes só compatíveis com Deus, como perdoar pecados e corrigir ou abolir a Lei. Possui uma consciência messiânica de tal forma nítida que se entendia como o Libertador e condicionava a salvação à adesão a sua pessoa (cf. Lc 12,8-10). Ele age não só em lugar de Deus, senão que torna palpável Deus mesmo, sua bondade e perdão. Sua intimidade com Deus-Pai-e-Mãe era tão profunda que São João podia mais tarde deixar o próprio Jesus dizer: "Eu e o Pai somos um" (10,30). Nota-se, pois, uma identidade e uma diferença com o Pai. O Filho revela o Pai.

O Pai, por sua vez, revela o Filho. Este assume, como dissemos, atitudes divinas. Ele exige fé em sua pessoa. É verdade que essa fé está quase sempre relacionada com curas e milagres (cf. Mc 2,5; 5,34-36; Lc 17,19; Mc 11,23; Mt 17,20; 21,21; Lc 17,6). Mas nessa fé espelha-se o evento revelador da Trindade, especialmente do Filho em sua dimensão divina. O homem desamparado e entregue à sua própria sorte, vítima de doenças ou de possessões, crê em Jesus como quem tem o poder de Deus que sana e salva, ressuscita e perdoa pecados. Jesus por sua vez age como quem tem em si autoridade divina. Não suplica para que o Pai faça o milagre; Ele age miraculosamente. Percebe-se: com Jesus está presente o poder mesmo de Deus. O que era impossível ao homem, com Jesus se torna possível (cf. Mc 10,27). A revelação de Jesus como Filho não está tanto numa formulação dogmática, mas encontra-se na atividade mesma de Jesus. Jesus age como Filho de Deus que representa o Pai e está sempre em comunhão íntima com o Pai.

Na atuação do Jesus terrestre se revelou também a Terceira Pessoa da Santíssima Trindade, o Espírito Santo. Embora quase nunca fale do Espírito (exceto os textos joaneus e apenas uma vez em Mc 3,28-30), Cristo aparece nos evangelhos como um carismático, cheio do Espírito, desde o seu primeiro momento de existência (cf. Lc 1,32-38.42-44). É sobre Ele que o Espírito desce em forma corporal (pomba) e o consagra para a missão libertadora (Mc 1,9-11 par.).

Não é Jesus que escolhe o caminho: o Espírito o impele para o deserto (cf. Mc 1,12) e o leva a fazer milagres, curas e gestos libertadores: "Se é pelo Espírito de Deus que expulso os demônios, então é sinal de que chegou a vós o Reino de Deus" (Mt 12,28). A virtude divina (Espírito) que operava em Jesus é chamada de *exusía* (soberania) ou *dínamis* (poder) (cf. Mc 1,22-27; 2,10; 5,30; 6,2-15; 9,39; 12,24; Lc 5,17). É uma força que sai de Jesus, surpreendendo a Ele próprio: "E logo Jesus percebeu em si mesmo que saíra dele uma força (*dínamis*), voltou-se para o povo e perguntou: 'Quem tocou minhas vestes?'" (Mc 5,30; Lc 8,46). Lucas comenta que "todo o povo procurava tocá-lo, pois uma força saía dele e curava a todos" (6,19). Essa força que é Jesus, mas que ao mesmo tempo age independentemente dele, isso é a revelação daquilo que depois, no Primeiro Testamento, chamou-se de Espírito Santo como Espírito de Jesus. Verifica-se também aqui uma identidade e uma diferença.

À luz da experiência da ressurreição de Jesus e do surgimento de fenômenos pneumáticos nas primeiras comunidades cristãs, a Igreja nascente explicitou mais e mais essa revelação da Santíssima Trindade, feita na vida e na obra de Cristo. Particularmente São Paulo e São João viram a unidade e a diferença do único mistério do Pai, origem de toda a salvação. Ele enviou seu Filho para, na força do Espírito Santo, libertar a criação. Ao lado do Pai está sempre o Filho. Junto com o Pai e o Filho está o Espírito Santo como presença e realidade, perceptível até pelos sentidos, pois se veem pobres ouvindo a boa notícia de sua libertação, mudos falando, doentes sendo curados e mortos, ressuscitados, tudo isso na força do Espírito de Jesus[13].

---

13. SCHIERSE, F.J. Op. cit., p. 101-107.

Será obra imensa da reflexão teológica dos séculos III e IV criar uma linguagem adequada para a cultura greco-latina, base de nossa cultura ocidental, que expressasse o que se realizou na experiência de Jesus de Nazaré vivo, morto e ressuscitado. A experiência da fé contemplou o Pai, viu o Filho e saboreou o Espírito Santo, autocomunicando-se por e em Jesus. Chamou aos Três de Deus. Com isso não quis mutiplicar Deus, mas mostrar o caráter de comunhão, presente na realidade divina. A Igreja Antiga não se apercebeu logo dos problemas que estavam aí implicados, especialmente como combinar a unidade com a trindade. Sem a pretensão de aprofundar a questão, importa reter esta constatação: a experiência da fé não partiu da unidade de Deus. Experimentou a diversidade em Deus. Viveu Deus como família, como comunhão e inter-retro-relação de Pai, Filho e Espírito Santo. Venerou os Três como Deus. Não especulou ainda em termos concisos o relacionamento entre eles.

O credo elaborado nos concílios ecumênicos de Niceia (325) e Constantinopla (381) encontrou fórmulas que se tornaram depois dogmas. O dogma básico acerca da Santíssima Trindade reza assim: em Deus há uma única natureza divina que subsiste em três Pessoas realmente distintas: Pai, Filho e Espírito Santo. Essa formulação abstrata não quer exprimir outra coisa senão aquilo que Jesus experimentou: que estava sempre em comunhão com o Pai, sentia-se Filho amado e que agia e falava com uma Força que o tomava, o Espírito Santo.

O importante não é afirmar os divinos Três. Isso até pode nos levar a uma heresia, vale dizer, a um erro na compreensão da fé, a heresia do triteísmo, como se houvesse três deuses. A centralidade se encontra na relação entre eles. As próprias palavras já supõem relação. Assim, não existe pai simplesmente. Alguém é pai porque tem filho. Ninguém é filho simplesmente. É filho porque tem pai. Espírito, no sentido originário, significa sopro. Não há sopro sem alguém que assopre. O Espírito é o sopro do Pai para o Filho e do Filho para o Pai. Como se depreende, os Três sempre vêm juntos e se encontram eternamente entrelaçados. Em outras palavras, dizer Trindade é dizer relação, como disse o Papa João Paulo II quando esteve pela primeira vez na América Latina em 1979, em Puebla, no México: "A natureza íntima de Deus não é solidão, mas comunhão, porque Deus é família, é Pai, Filho e Espírito Santo". Esse entrelaçamento foi expresso pela tradição teológica pela palavra grega pericórese que significa "a inter-retro-relação entre as Pessoas divinas". Elas são distintas para poderem se relacionar. E essa relação mútua é tão profunda e radical que elas se uni-ficam. Elas ficam um só Deus-comunhão, um só Deus-amor, um só Deus-relação.

Precisamos superar a terminologia tradicional com a qual se pretendia expressar a natureza íntima de Deus. Ela é, para nossos ouvidos contemporâneos, demasiadamente formal e abstrata. No nível da experiência de fé diríamos de forma mais simples e compreensível: Deus que está acima de nós e que é nossa origem chamamos de Pai-e-Mãe eternos; Deus que está conosco e que se faz companheiro de caminhada se chama Filho; e Deus que habita nosso interior como entusiasmo e criatividade se chama Espírito Santo. Como se depreende, não são três deuses, mas o mesmo e único Deus-comunhão que atua em nós e nos insere em sua rede de relações. Dentro de nós se realiza a eterna relação de amor e de comunhão entre Pai, Filho e Espírito Santo. Deus-comunhão está sempre nascendo dentro de nós. Por isso somos seres de comunhão e um nó permanente de relações. No início de tudo está a comunhão dos divinos Três.

Mas compreendamos bem essa afirmação. Não significa que a comunhão é apenas uma realidade nossa. Não. É antes de tudo a realidade divina, pois Deus se manifestou assim como Ele mesmo é, vale dizer, como comunhão de pessoas"[14]. Deus é concretamente Pai, Filho e Espírito Santo. Não é primeiro uma unidade de natureza que depois se desdobra em trindade de pessoas. Isso constituiria a heresia modalista, segundo a qual as divinas Pessoas seriam apenas três modos de dizer a mesma coisa, sempre idêntica a si mesma. A doutrina da Trindade afirma a diferença entre as Pessoas. Uma não é a Outra. Mas elas estão sempre e eternamente em comunhão entre si. Por isso nada pré-existe à Trindade. Ela é a Realidade Última e absolutamente originária. Desde toda a eternidade Deus borbulha em ser, em amor e em comunhão como de uma única fonte misteriosa que somente existe na forma de três rios realmente diferentes que comunicam a mesma água e se chamam Pai, Filho e Espírito Santo.

b) A experiência da Santíssima Trindade em nossa experiência humana

Asseverávamos anteriormente: a revelação do mistério trinitário não é uma curiosidade; diz-nos algo de definitivamente im-

---

14. Para um aprofundamento mais técnico do mistério da Santíssima Trindade cf. BOFF, L. *Santíssima Trindade, sociedade e libertação*. Petrópolis: Vozes, 1985; e sua formulação mais popular: *A Santíssima Trindade é a melhor comunidade*. Petrópolis: Vozes, 1988.

portante sem o qual não realizaríamos nem compreenderíamos de modo radical nossa própria humanidade. K. Rahner, um dos maiores teólogos católicos do século XX, afirmava com acerto:
> A Trindade para nós não é puramente uma realidade que se possa apenas exprimir doutrinariamente. A Trindade mesma *ocorre em nossa existência*; como tal, ela própria nos é dada, independentemente do fato de a Escritura nos comunicar sentenças a seu respeito. Essas sentenças, ao contrário, são dirigidas a *nós*, justamente porque nos foi concedida essa realidade mesma, acerca da qual se proferem as sentenças[15].

Dito numa linguagem mais simples: antes de estar em nossa cabeça e em nosso coração, a Trindade, o Pai, o Filho e o Espírito Santo existiam em si e para si. E, ao criarem, passaram seu jogo de relações para todo o universo e para todas as coisas inter-retrorrelacionadas entre si. Por isso, à semelhança do Deus-Trindade-Comunhão, as coisas são sempre umas pelas outras, com as outras e para as outras. Exatamente assim explica Santo Agostinho, o grande teólogo da reflexão trinitária, as relações entre as divinas Pessoas: "Cada uma das Pessoas está em cada uma das outras, e todas em cada uma, e cada uma em todas, e todas estão em todas, e todas não são senão um único Deus" (*De Trinitate*, VI, 10, 12). Então porque as Pessoas divinas existiam antes, podem estar em nós e morar dentro de nós.

Se, de fato, é assim, poderemos então experimentar a Santíssima Trindade? Lógico que podemos experimentar a Santíssima Trindade! Experimentamos a Trindade Santíssima atra-

---

15. RAHNER, K. O Deus trino, fundamento transcendente da história da salvação. In: *Mysterium Salutis*, II/I. Petrópolis: Vozes, 1972, p. 304.

vés daquilo que a teologia chama de vestígios trinitários inscritos na criação e na existência humana[16].

Já consideramos a experiência de Deus-Trindade-Comunhão no processo cósmico da criação. Não precisamos voltar a ela. Queremos, sim, nos restringir à experiência da Trindade na existência humana. Esta se apresenta como uma unidade-fonte originária. Continuamente ela está se revelando, abrindo-se como inteligência e verdade de si mesma, comunicando-se por palavras, por gestos e por todo um universo simbólico e expressivo. Eis a manifestação do Filho em nós.

Em seguida, a vida é dotada de vontade que se manifesta pela decisão, pela capacidade de realizar um projeto, pela paixão e principalmente pelo amar. Eis a revelação do Espírito Santo em nós.

Tanto a expressão de si mesma como verdade quanto o amor fluem incessantemente do fundo misterioso da pessoa, fonte de todos os gestos de comunicação e expressão. Esse fundo misterioso é a aparição do Pai em nossa existência.

Ora, não dizemos que o Pai é por definição Aquele que não tem origem, o Invisível do qual tudo pro-mana? Tal realidade se reflete no mistério da pessoa, ela mesma pura gratuidade do estar-aí, mas da qual e-manam todas as expressões. O Filho é a Palavra, por essência a revelação do Pai, aquele que torna o Pai visível (cf. Jo 14,9). O reflexo do Filho em nós é a palavra e a inteligência pelas quais se revela a profundidade da nossa personalidade. O Espírito Santo é o sopro do Pai e do Filho, o amor

---

16. VAN DEN BERG, A. "A Santíssima Trindade e a existência humana". *REB* 33. Petrópolis: Vozes, 1973, p. 629-648.

que enlaça os dois. Esse amor se reflete em nosso amor que inunda nossa vontade e que nos impulsa para a união com a pessoa amada.

Conhecimento e amor são distintos no ser humano, contudo, constituem a unidade fundamental da pessoa, porquanto não é a inteligência *que* conhece, nem a vontade *que* ama, mas a pessoa que conhece e ama. A inteligência é inteligência, mas em sua última radicalidade é figurativa da Inteligência do Pai que é o Filho. A vontade é vontade, mas num sentido profundo é também figurativa da vontade do Pai e do Filho que é o Espírito Santo. Fazer a experiência radical da pessoa é fazer a experiência daquela realidade que a Trindade significa: o mistério absoluto sem origem, acima de nós (Pai), que se aproxima de nossa existência para caminhar conosco (Filho) e que habita dentro de nós dando-nos força, luz e amor, fazendo que tudo seja vivido em comunhão com a Trindade, com os outros e com o universo (Espírito Santo).

Atenção: não deduzimos a Santíssima Trindade do ser humano. Pelo contrário, tentamos compreender o ser humano a partir da Trindade. Ela é a fundante, o ser humano é fundado. Aí ele se des-velou como manifestação e sacramento da própria Trindade dentro da criação. Cada Pessoa divina se autocomunica e se revela ao ser humano assim como cada uma é: a autocomunicação do Pai como Útero e Fonte da qual tudo promana; a autocomunicação do Filho como Inteligência, Verdade e Manifestação do Pai que se reflete no homem-inteligência, como verdade e desvelamento do mistério da pessoa; a autocomunicação do Espírito Santo como amor e sopro do Pai e do Filho se configura no homem-vontade como amor e vontade de unificação com o todo e com cada ser. Tudo isso constitui a unidade do mistério de Deus, bem como a unidade do mistério da pessoa.

A fé cristã não é uma religião de mistérios, mas de um único mistério: do mistério da autodoação de Deus à criação, especificamente, ao ser humano, como Fonte, como Verdade e como Amor. Urge recuperar a simplicidade originária do cristianismo.

No ano 180 o mártir Speratus respondeu ao Cônsul Saturnino que lhe perguntara o que era o cristianismo: "Si tranquillas praebueris aures tuas, dico *mysterium simplicitatis*"[17]. Traduzindo: "Se mantiveres os ouvidos atentos, revelar-te-ei o mistério da simplicidade".

Que é esse mistério da simplicidade? Mistério da simplicidade foi o nome inicial do cristianismo para testemunhar o Deus-Comunhão que entrou em nossa história como Pai-e-Mãe amorosos, que nos entregaram seu Filho encarnado em nossa miséria na força e no entusiasmo do Espírito vivificador. A experiência verdadeira e profunda de Deus nos convence de quanto esse mistério divino é simples e como simples não deve ser nosso relacionamento com ele. É, no fundo, a experiência radical de nós mesmos, aberta e possibilitada por Deus mesmo. Radicalmente somos feitos Deus por participação.

---

17. *Passio Sanclorum Scilitanorum.* Munique: Lateinische Märtyrerakten, 1960, p. 25.

10
A experiência de Deus na vida religiosa

Há pessoas, em todas as religiões e principalmente no cristianismo, que se dedicam de corpo, alma e tempo inteiro a cultivar o espaço de Deus dentro de sua vida. São os religiosos e religiosas, aos milhares do mundo. O Papa Paulo VI os chamou ousadamente de "especialistas de Deus"[1]. São especialistas não tanto porque estudaram as coisas divinas, mas porque se entregaram à experiência viva de Deus. Seu carisma próprio é conferir centralidade à experiência cristã de Deus no seguimento de Jesus Cristo, expressa pela consagração pública (os votos religiosos de pobreza, obediência e castidade) e vivendo em fraternidades inseridas no mundo[2].

A) O *cantus firmus*: A memória de Deus e de Jesus Cristo

Dar centralidade à experiência de Deus no seguimento de Jesus Cristo significa colocar essa experiência como o projeto

---

1. *Paulo VI e as religiosas.* São Paulo: Paulinas, 1968, p. 87.
2. DOCUMENTO DA CLAR, *Vida segundo o Espírito nas comunidades religiosas da América Latina* (CRB 9). Rio de Janeiro, 1973, p. 17-23.

fundamental da vida, como o polo orientador de todas as atividades e o marco para todas as demais referências. A memória de Deus e de Jesus Cristo constitui, para usar uma bela expressão do grande teólogo protestante, mártir da resistência contra Hitler, Dietrich Bonhöffer, o *cantus firmus* em torno do qual cantam as outras vozes[3].

A partir de sua experiência de Deus, o religioso e a religiosa contemplam o mundo, os homens, as tarefas que devem assumir dentro da Igreja e da sociedade. O cultivo consciente do espaço de Deus não leva o religioso a fugir do mundo, mas a conferir um colorido novo à sua relação para com o mundo. Sua atitude fundamental deverá ser como aquela de Jesus Cristo, uma atitude contemplativa que lhe permite ver, viver e saborear em todas as coisas a presença misteriosa de Deus Trino. Os trabalhos que executará, os engajamentos que assumirá, os gestos que esboçará não são como os demais gestos, engajamentos e trabalhos. Se for realmente autêntica, sua experiência religiosa os colorirá de uma forma que eles se tornam comunicadores e reveladores dessa experiência de Deus[4].

Essa experiência de Deus, para ser cristã, virá calcada na experiência de Jesus Cristo. Isso implicará não somente a vivência da extrema proximidade de Deus-Pai-e-Mãe, mas também do acolhimento de toda a dimensão de sombras e de trevas que a vida presente pode apresentar. A sombra negra que sempre

---

3. DOCUMENTO. Op. cit. *A vida religiosa hoje na Igreja* (CRB 10). Rio de Janeiro, 1973, p. 46-47. • Id. El proyecto de la vida religiosa. In: *Vida religiosa en el mundo secularizado* (Clar 10). Bogotá, p. 51-55.
4. BOFF, L. "A natureza espiritual do religioso". *Grande Sinal 26*. Petrópolis: Vozes, 1972, p. 257-263.

nos acompanha também é caminho de encontro com Deus; a cruz é a forma dolorosa como nos encontramos com Deus, no completo despojamento e na perda de todas as seguranças que têm como contrapartida uma confiança sem limites naquele que pode transformar a morte em vida e o velho em novo.

B) Deserto como busca do paraíso

Para manter firme o canto de Deus em sua vida, o religioso deve se submeter a uma contínua vigilância, deve buscar com todo o coração a inocência matinal perdida, ansiar pela purificação do eu de tal forma que Deus não tenha apenas um lugar na vida, mas ocupe todos os lugares do coração. A tradição espiritual do Ocidente chamou a isso de deserto, que não é uma categoria geográfica, mas espiritual. Deserto exprime o desnudamento interior, a libertação de tudo o que possa apagar, ofuscar a memória de Deus; o controle sobre todas as imagens e conceitos que perturbem a interioridade ou possam fazer concorrência com o *cantus firmus* e assim destruir o projeto fundamental que é deixar Deus ser o único Senhor do coração.

Esse repouso dinâmico da contemplação, o religioso e a religiosa o conquistarão na medida em que se entregarem à *ruminatio Dei* (ruminação de Deus) pela oração, pela meditação, pela vida do serviço desinteressado e pelo diuturno esforço de realizar a experiência de Deus. Viver assim é entrar no paraíso – não o paraíso geográfico do homem adamítico, mas o paraíso dentro de si, que é a recuperação da reconciliação e transparência do Divino dentro do coração. Essa integração constituía a justiça original e foi perdida, ao largo do tempo, porque

Deus deixou de ser o *cantus firmus*. Como advertia Thomas Merton, o grande místico e escritor norte-americano dos meados do século XX:

> O paraíso ainda não é o céu. O paraíso não é a meta final da vida espiritual. É, em realidade, apenas uma volta ao início. É começar de novo, ganhar uma nova chance. O monge que conseguiu atingir a pureza de coração e recuperou, em certa medida, a inocência perdida por Adão, ainda não terminou a viagem. Está apenas pronto para iniciá-la. Está pronto para um novo trabalho "que olho nenhum jamais viu, ouvido nenhum jamais ouviu, nem coração nenhum pôde conceber". A pureza do coração é o fim intermédio da vida espiritual. O fim último, porém, é o Reino de Deus[5].

Antecipar o reino e viver a partir das forças do século futuro que já se prenunciam dentro do presente, nisso consiste o modo característico do viver religioso.

C) A consagração religiosa como expressão da radicalidade da experiência de Deus

Todo cristão, por força de sua consagração batismal, é convocado a viver a experiência de Deus que é sempre vida no e segundo o Espírito. O religioso e a religiosa se comprometem, na publicidade da Igreja, a viver essa vida de forma radical e profética. A consagração pelos três votos de pobreza, obediência e castidade quer detalhar o único voto de consagração a Deus[6]. A compreensão exclusivamente jurídica dos três votos nos impe-

---

5. MERTON, T. Op. cit. *A recuperação do paraíso*, p. 121 [s.n.t.].
6. BOFF, L. "A estrutura antropológica dos votos: um voto em três". *Grande Sinal 27*. Petrópolis: Vozes, 1973, p. 499-511.

diu de ver neles o caráter profundamente unitário da consagração religiosa. Eles nada mais intencionam senão articular, no nível da vida concreta, o que significa doar-se totalmente a Deus. Essa doação não é abandono do mundo das coisas, da relação homem-mulher e da inserção na sociedade. Ela marca por um acento novo estas relações fundamentais nas quais se articula a vida humana, voltada aos bens da terra (pobreza), à relação homem-mulher (castidade) e à sociedade (obediência). A consagração a Deus ilumina e orienta todas as demais relações, agora vistas a partir de Deus e reconduzidas continuamente a Deus. Os três votos ganham relevância teológica, deixam de ser mero caminho ascético e renúncia estoica do mundo se forem expressão e consequência da radicalidade do compromisso com Deus. Não significam renúncia, mas uma reassunção nova de todas as coisas, recuperadas na sua orientação original de reveladoras de Deus e de sendas para o encontro com Deus.

D) Experiência de Deus na fraternidade

A experiência cristã de Deus, como já consideramos, é inseparável da experiência do irmão. Quem experimenta Deus como Pai, experimenta o outro como próximo e o próximo como irmão. O caráter de fraternidade da experiência do religioso não surge pelo fato de as pessoas estarem juntas, mas surge no interior da própria experiência de Deus, feita no e com o irmão, porque em Jesus Cristo Deus mesmo se fez nosso irmão. Isso implica que toda a experiência verdadeiramente cristã é experiência de comunhão e de solidariedade; ao experimentar Deus, experimenta juntamente a comunidade dos fiéis, a Igreja. A experiência se insere dentro da vida dessa comunidade que não começa com a minha experiência, mas que a possibilita, porque ela carrega dentro de sua história a experiência que Jesus de Nazaré, em sua santa humanidade, fez de Deus-Pai-e-Mãe e do Espírito Santo.

A experiência do religioso e da religiosa, por mais íntima e secreta que seja, deve sempre se confrontar com a experiência de Jesus Cristo e da história de sua presença consciente pelos séculos, isto é, a comunidade eclesial. A forma concreta como isso geralmente acontece é a adesão do religioso e da religiosa ao carisma fundacional de um caminho de experiência percorrido de forma exemplar pelos fundadores de Ordens e Congregações. Dentro dessa caminhada concreta e também limitada se des-vela o ilimitado de Deus e o inexaurível do mistério de Cristo e de sua presença no mundo.

E) Experiência de Deus na inserção no mundo do pobre e do excluído

A consagração religiosa significa uma reserva total da pessoa para Deus. Mas devemos entender corretamente essa reserva, pois Deus não necessita para si pessoas e coisas que se reservam a Ele. O que Ele necessita são representantes seus no mundo. Por isso consagração implica, além de reserva, missão e envio em nome de Deus. Deus tira do mundo para atirar mais profundamente ao mundo. Este não é apenas o lugar da realização terrestre do ser humano, também do religioso e da religiosa. É o lugar onde se veri-fica, isto é, fica verdadeira, a autêntica experiência de Deus. Daí o religioso e a religiosa desempenharem, no meio do mundo, uma função profética e escatológica (escatológico é tudo aquilo que tem a ver com o destino terminal do ser humano): vive de um Absoluto que se mostra como o Sentido radical do mundo. A partir desse Absoluto deve relativizar todos os sucessos históricos. Eles não são a meta ansiada, mas passo concreto na consecução da meta. Se por um lado a consciência do futuro absoluto exige uma relativização total, por outro, pede abraçar seriamente o relativo, porque ele constitui o modo como o Absoluto se antecipa no tempo e se realiza nas mediações históricas. A concepção de um futuro absoluto não fornece nenhum conteúdo concreto, definível e categorizável; ela significa antes uma maneira como devemos assumir os conteúdos da história e nossos engajamentos humanos: sempre mantendo-se no processo, sem pretender fixar-se definitivamente nos objetivos bem logrados. Destarte a pessoa está sempre aberta para o Mais e para o Futuro a partir de onde o coração pode esperar repouso e plenificação.

O homem contemporâneo, manipulado pela sociedade de consumo e produção, informação e entretenimento, vê-se, muitas vezes, perdido no emaranhado das solicitações aos sentidos que lhe advêm por todos os lados. Sente que dentro de sua vida se anuncia uma exigência mais alta do que aquela de apenas produzir, trabalhar e consumir. Não temos apenas fome de pão, que é saciável, como dizia um poeta, mas temos também fome de beleza, que é insaciável. A vida não é apenas luta contra a morte. Nela se des-vela também a dimensão de sentido, de gratuidade, de celebração e de alegria de viver. Ora, nesse espaço se torna significativa a linguagem do Divino e do Mistério. O homem moderno é racionalista e profanizado no âmbito de suas relações com o mundo. Mas se mostra sensível para o Mistério do Amor, para o sentido radical do viver, e pode acolher o inacessível à discursividade da razão. O religioso e a religiosa, no meio do mundo, deveriam ser um sinal profético e um sacramento desta dimensão na qual Deus emerge como Sentido e como a Esperança em plenitude. Constatamos frequentemente que, quando um religioso ou uma religiosa realmente se tornam seres de Deus, a eles acorrem as pessoas como a uma fonte de onde jorra uma água vivificadora. O religioso e religiosa valem não tanto por aquilo que eles fazem, mas muito mais por aquilo que são: um sinal de Deus e do Sentido buscado, consciente ou inconscientemente, por todos.

Qual é o lugar especial do inserimento religioso no mundo? Exatamente lá onde o mundo é questionado e onde ele se sente escandalizado e, por isso, lá onde experimenta seus limites e sua possível transcendência. O pobre ocupa esse lugar. O pobre não é apenas o carente de bens materiais. É antes de tudo o empobrecido, aquele que foi feito injustamente pobre por mecanismos de exploração e exclusão social. A existência do pobre é má consciência para a sociedade porque ele é um subproduto de sua riqueza e de seu arranjo. Diante do pobre a sociedade é convocada a se abrir e a se modificar de forma que não haja mais lugar para a exploração do homem pelo homem. O ideal é gestar uma sociedade na qual todos possam caber, a natureza incluída. E como estamos longe dela! Aos pobres dirigiu Cristo, com predileção, sua mensagem. Por causa de seu elemento questionante, o pobre é por excelência o sacramento de Deus e o enviado de Jesus Cristo. Por causa disso, o lugar do religioso e da religiosa é do lado dos pobres. A partir do pobre devem se dirigir a todos os demais. Especialmente na América Latina, onde a pobreza é gritante e escandalosa, impõe-se uma releitura da vida religiosa, com a possibilidade de ser re-inventada como um sinal profético e contestador deste tipo de sociedade, cujo eixo estruturador não é a pessoa humana, mas a mercadoria, o mercado e a produção de bens e serviços materiais.

> Somente rechaçando a pobreza e fazendo-se pobre para protestar contra ela, poderá a Igreja (e com muito mais razão a vida religiosa) pregar algo que lhe é próprio: a "pobreza espiritual", quer dizer, a abertura da pessoa e da história ao futuro prometido por Deus. Só assim ela poderá cumprir, honestamente e com possibilidades de ser escutada, a função profética de denúncia de toda a injustiça que atente contra o ser humano e de anúncio libertador de uma real fraternidade humana... Para a Igreja latino-americana (e para a vida religiosa) essa é hoje uma ineludível e urgente prova de autenticidade de sua missão[7].

A partir da importância da experiência de Deus do religioso e da religiosa, podemos criticamente perguntar: A vida religiosa, como instituição, coloca onde sua preocupação fundamental? Em iniciar os religiosos e as religiosas nas tradições, nas piedades, nas constituições e nas regras de suas organizações ou na criação de uma atmosfera favorável a uma autêntica experiência de Deus? Sem essa experiência de Deus no seguimento de Jesus Cristo, a observância da regra e dos caminhos de perfeição constitui antes um martírio inglório do que a expressão concreta da experiência de Deus.

---

7. GUTIÉRREZ, G.M. *Teología de la liberación*. Bogotá: [s.e.], 1971, p. 371-372.

Conclusão

Ao termo de nossas reflexões uma coisa deve ter ficado clara: a experiência de Deus não constitui um luxo só de alguns. É a condição indispensável para toda a vida de fé. Toda religião assenta sobre uma experiência de Deus. Sem ela os dogmas são andaimes rígidos; a moral, uma couraça opressora; a ascese, um rio seco; a prática religiosa, um desfiar monótono de gestos estereotipados; a devoção, um estratagema para combater o medo; e as celebrações, uma ostentação vazia, sem a graça da vida interior.

Aquele que experimentou Deus penetrou no reino da mística. A mística não assenta sobre o extraordinário, mas é a transfiguração do ordinário. O místico é aquele que se faz sensível ao outro lado da realidade. É aquele que capta o mistério (de mistério vem mística) que se revela e vela em cada ser e em cada evento da história pessoal e coletiva. E o capta porque aprendeu a ser sensível ao invisível aos olhos, mas sensível ao coração atento. Por isso, o místico autêntico não tem segredos a contar ou confidências a fazer. Ele vê Deus em todas as coisas enquanto está sempre em busca de um Deus sempre maior do que Aquele que ele já encontrou. Porque Deus perpassa toda a realidade, pode, por isso, ser percebido e experimentado nas mais diferentes situações da vida e em cada detalhe da vida pessoal e do universo.

Experimentar Deus não é pensar sobre Deus. É sentir Deus a partir do coração puro e da mente sincera. Experimentar Deus é tirar o mistério do universo do anonimato e conferir-lhe um nome, o de nossa reverência e de nosso afeto. Experimentar Deus é desenvolver a percepção bem-aventurada de que, na radicalidade de todas as coisas, Deus, universo, pessoa humana são um só mistério de enternecimento e de amorosidade que irrompeu em nossa consciência, fez história, ganhou sua linguagem e culminou na alegre celebração da vida.

Livros de Leonardo Boff

1 – *O Evangelho do Cristo Cósmico*. Petrópolis: Vozes, 1971. • Reeditado pela Record (Rio de Janeiro), 2008.
2 – *Jesus Cristo libertador*. Petrópolis: Vozes, 1972.
3 – *Die Kirche als Sakrament im Horizont der Welterfahrung*. Paderborn: Verlag Bonifacius-Druckerei, 1972 [Esgotado].
4 – *A nossa ressurreição na morte*. Petrópolis: Vozes, 1972.
5 – *Vida para além da morte*. Petrópolis: Vozes, 1973.
6 – *O destino do homem e do mundo*. Petrópolis: Vozes, 1973.
7 – *Experimentar Deus*. Petrópolis: Vozes, 2012 [Publicado em 1974 pela Vozes com o título *Atualidade da experiência de Deus*].
8 – *Os sacramentos da vida e a vida dos sacramentos*. Petrópolis: Vozes, 1975.
9 – *A vida religiosa e a Igreja no processo de libertação*. 2. ed. Petrópolis: Vozes/CNBB, 1975 [Esgotado].
10 – *Graça e experiência humana*. Petrópolis: Vozes, 1976.
11 – *Teologia do cativeiro e da libertação*. Lisboa: Multinova, 1976. • Reeditado pela Vozes, 1998.
12 – *Natal*: a humanidade e a jovialidade de nosso Deus. Petrópolis: Vozes, 1976.
13 – *Eclesiogênese* – As comunidades reinventam a Igreja. Petrópolis: Vozes, 1977. • Reeditado pela Record (Rio de Janeiro), 2008.
14 – *Paixão de Cristo, paixão do mundo*. Petrópolis: Vozes, 1977.
15 – *A fé na periferia do mundo*. Petrópolis: Vozes, 1978 [Esgotado].
16 – *Via-sacra da justiça*. Petrópolis: Vozes, 1978 [Esgotado].
17 – *O rosto materno de Deus*. Petrópolis: Vozes, 1979.
18 – *O Pai-nosso* – A oração da libertação integral. Petrópolis: Vozes, 1979.
19 – *Da libertação* – O teológico das libertações sócio-históricas. Petrópolis: Vozes, 1979 [Esgotado].
20 – *O caminhar da Igreja com os oprimidos*. Rio de Janeiro: Codecri, 1980. • Reeditado pela Vozes (Petrópolis), 1988.
21 – *A Ave-Maria* – O feminino e o Espírito Santo. Petrópolis: Vozes, 1980.
22 – *Libertar para a comunhão e participação*. Rio de Janeiro: CRB, 1980 [Esgotado].

23 – *Igreja*: carisma e poder. Petrópolis: Vozes, 1981. • Reedição ampliada: Ática (Rio de Janeiro), 1994; Record (Rio de Janeiro) 2005.

24 – *Crise, oportunidade de crescimento*. Petrópolis: Vozes, 2011 [Publicado em 1981 pela Vozes com o título *Vida segundo o Espírito*].

25 – *São Francisco de Assis* – ternura e vigor. Petrópolis: Vozes, 1981.

26 – *Via-sacra para quem quer viver*. Petrópolis: Vozes, 1991 [Publicado em 1982 pela Vozes com o título *Via-sacra da ressurreição*].

27 – *O livro da Divina Consolação*. Petrópolis: Vozes, 2006 [Publicado em 1983 com o título de *Mestre Eckhart*: a mística do ser e do não ter].

28 – *Ética e ecoespiritualidade*. Petrópolis: Vozes, 2011 [Publicado em 1984 pela Vozes com o título *Do lugar do pobre*].

29 – *Teologia à escuta do povo*. Petrópolis: Vozes, 1984 [Esgotado].

30 – *A cruz nossa de cada dia*. Petrópolis: Vozes, 2012 [Publicado em 1984 pela Vozes com o título *Como pregar a cruz hoje numa sociedade de crucificados*].

31 – (com Clodovis Boff) *Teologia da Libertação no debate atual*. Petrópolis: Vozes, 1985 [Esgotado].

32 – *A Trindade e a sociedade*. Petrópolis: Vozes, 2014 [publicado em 1986 com o título *A Trindade, a sociedade e a libertação*].

33 – *E a Igreja se fez povo*. Petrópolis: Vozes, 1986 (esgotado). • Reeditado em 2011 com o título *Ética e ecoespiritualidade*, em conjunto com *Do lugar do pobre*.

34 – (com Clodovis Boff) *Como fazer Teologia da Libertação?* Petrópolis: Vozes, 1986.

35 – *Die befreiende Botschaft*. Friburgo: Herder, 1987.

36 – *A Santíssima Trindade é a melhor comunidade*. Petrópolis: Vozes, 1988.

37 – (com Nelson Porto) *Francisco de Assis* – homem do paraíso. Petrópolis: Vozes, 1989. • Reedição modificada em 1999.

38 – *Nova evangelização*: a perspectiva dos pobres. Petrópolis: Vozes, 1990 [Esgotado].

39 – *La misión del teólogo em la Iglesia*. Estella: Verbo Divino, 1991.

40 – *Seleção de textos espirituais*. Petrópolis: Vozes, 1991 [Esgotado].

41 – *Seleção de textos militantes*. Petrópolis: Vozes, 1991 [Esgotado].

42 – *Con La libertad del Evangelio*. Madri: Nueva Utopia, 1991.

43 – *América Latina*: da conquista à nova evangelização. São Paulo: Ática, 1992 [Esgotado].

44 – *Ecologia, mundialização e espiritualidade*. São Paulo: Ática, 1993. • Reeditado pela Record (Rio de Janeiro), 2008.

45 – (com Frei Betto) *Mística e espiritualidade*. Rio de Janeiro: Rocco, 1994. • Reedição revista e ampliada pela Vozes (Petrópolis), 2010.

46 – *Nova era*: a emergência da consciência planetária. São Paulo: Ática, 1994. • Reeditado pela Sextante (Rio de Janeiro) em 2003 com o título de *Civilização planetária*: desafios à sociedade e ao cristianismo [Esgotado].

47 – *Je m'explique*. Paris: Desclée de Brouwer, 1994.

48 – (com A. Neguyen Van Si) *Sorella Madre Terra*. Roma: Ed. Lavoro, 1994.

49 – *Ecologia* – Grito da terra, grito dos pobres. São Paulo: Ática, 1995. • Reeditado pela Record (Rio de Janeiro) em 2015.

50 – *Princípio Terra* – A volta à Terra como pátria comum. São Paulo: Ática, 1995 [Esgotado].

51 – (org.) *Igreja*: entre norte e sul. São Paulo: Ática, 1995 [Esgotado].

52 – (com José Ramos Regidor e Clodovis Boff) *A Teologia da Libertação*: balanços e perspectivas. São Paulo: Ática, 1996 [Esgotado].

53 – *Brasa sob cinzas*. Rio de Janeiro: Record, 1996.

54 – *A águia e a galinha*: uma metáfora da condição humana. Petrópolis: Vozes, 1997.

55 – *A águia e a galinha*: uma metáfora da condição humana. Edição comemorativa – 20 anos. Petrópolis: Vozes, 2017.

56 – (com Jean-Yves Leloup, Pierre Weil, Roberto Crema) *Espírito na saúde*. Petrópolis: Vozes, 1997.

57 – (com Jean-Yves Leloup, Roberto Crema) *Os terapeutas do deserto* – De Fílon de Alexandria e Francisco de Assis a Graf Dürckheim. Petrópolis: Vozes, 1997.

58 – *O despertar da águia*: o dia-bólico e o sim-bólico na construção da realidade. Petrópolis: Vozes, 1998.

59 – *O despertar da águia*: o dia-bólico e o sim-bólico na construção da realidade. Edição especial. Petrópolis: Vozes, 2017.

60 – *Das Prinzip Mitgefühl* – Texte für eine bessere Zukunft. Friburgo: Herder, 1999.

61 – *Saber cuidar* – Ética do humano, compaixão pela terra. Petrópolis: Vozes, 1999.

62   *Ética da vida*. Brasília: Letraviva, 1999. • Reeditado pela Record (Rio de Janeiro), 2009.

63 – *Coríntios* – Introdução. Rio de Janeiro: Objetiva, 1999 (Esgotado).

64 – *A oração de São Francisco*: uma mensagem de paz para o mundo atual. Rio de Janeiro: Sextante, 1999. • Reeditado pela Vozes (Petrópolis), 2014.

65 – *Depois de 500 anos*: que Brasil queremos? Petrópolis: Vozes, 2000 [Esgotado].

66 – *Voz do arco-íris*. Brasília: Letraviva, 2000. • Reeditado pela Sextante (Rio de Janeiro), 2004 [Esgotado].

67 – (com Marcos Arruda) Globalização: desafios socioeconômicos, éticos e educativos. Petrópolis: Vozes, 2000.

68 – *Tempo de transcendência* – O ser humano como um projeto infinito. Rio de Janeiro: Sextante, 2000. • Reeditado pela Vozes (Petrópolis), 2009.

69 – (com Werner Müller) *Princípio de compaixão e cuidado*. Petrópolis: Vozes, 2000.

70 – *Ethos mundial* – Um consenso mínimo entre os humanos. Brasília: Letraviva, 2000. • Reeditado pela Record (Rio de Janeiro) em 2009.

71 – *Espiritualidade* – Um caminho de transformação. Rio de Janeiro: Sextante, 2001. • Reeditado pela Mar de Ideias (Rio de Janeiro) em 2016.

72 – *O casamento entre o céu e a terra* – Contos dos povos indígenas do Brasil. São Paulo: Salamandra, 2001. • Reeditado pela Mar de Ideias (Rio de Janeiro) em 2014.

73 – *Fundamentalismo*. Rio de Janeiro: Sextante, 2002. • Reedição ampliada e modificada pela Vozes (Petrópolis) em 2009 com o título *Fundamentalismo, terrorismo, religião e paz*.

74 – (com Rose Marie Muraro) *Feminino e masculino*: uma nova consciência para o encontro das diferenças. Rio de Janeiro: Sextante, 2002. • Reeditado pela Record (Rio de Janeiro), 2010.

75 – *Do iceberg à arca de Noé*: o nascimento de uma ética planetária. Rio de Janeiro: Garamond, 2002. • Reeditado pela Mar de Ideias (Rio de Janeiro), 2010.

76 – *Crise*: oportunidade de crescimento. Campinas: Verus, 2002. • Reeditado pela Vozes (Petrópolis) em 2011.

77 – (com Marco Antônio Miranda) *Terra América*: imagens. Rio de Janeiro: Sextante, 2003 [Esgotado].

78 – *Ética e moral*: a busca dos fundamentos. Petrópolis: Vozes, 2003.

79 – *O Senhor é meu Pastor*: consolo divino para o desamparo humano. Rio de Janeiro: Sextante, 2004. • Reeditado pela Vozes (Petrópolis), 2013.

80 – *Responder florindo*. Rio de Janeiro: Garamond, 2004 [Esgotado].

81 – *Novas formas da Igreja*: o futuro de um povo a caminho. Campinas: Verus, 2004 [Esgotado].

82 – *São José*: a personificação do Pai. Campinas: Verus, 2005. • Reeditado pela Vozes (Petrópolis), 2012.

83 – *Un Papa difficile da amare*: scritti e interviste. Roma: Datanews Ed., 2005.

84 – *Virtudes para um outro mundo possível* – Vol. I: Hospitalidade: direito e dever de todos. Petrópolis: Vozes, 2005.

85 – *Virtudes para um outro mundo possível* – Vol. II: Convivência, respeito e tolerância. Petrópolis: Vozes, 2006.

86 – *Virtudes para um outro mundo possível* – Vol. III: Comer e beber juntos e viver em paz. Petrópolis: Vozes, 2006.

87 – *A força da ternura* – Pensamentos para um mundo igualitário, solidário, pleno e amoroso. Rio de Janeiro: Sextante, 2006. • Reeditado pela Mar de Ideias (Rio de Janeiro) em 2012.

88 – *Ovo da esperança*: o sentido da Festa da Páscoa. Rio de Janeiro: Mar de Ideias, 2007.

89 – (com Lúcia Ribeiro) *Masculino, feminino*: experiências vividas. Rio de Janeiro: Record, 2007.

90 – *Sol da esperança* – Natal: histórias, poesias e símbolos. Rio de Janeiro: Mar de Ideias, 2007.

91 – *Homem*: satã ou anjo bom. Rio de Janeiro: Record, 2008.

92 – (com José Roberto Scolforo) *Mundo eucalipto*. Rio de Janeiro: Mar de Ideias, 2008.

93 – *Opção Terra*. Rio de Janeiro: Record, 2009.

94 – *Meditação da luz*. Petrópolis: Vozes, 2010.

95 – *Cuidar da Terra, proteger a vida*. Rio de Janeiro: Record, 2010.

96 – *Cristianismo*: o mínimo do mínimo. Petrópolis: Vozes, 2011.

97 – *El planeta Tierra*: crisis, falsas soluciones, alternativas. Madri: Nueva Utopia, 2011.

98 – (com Marie Hathaway) *O Tao da Libertação* – Explorando a ecologia da transformação. 2. ed. Petrópolis: Vozes, 2012.

99 – *Sustentabilidade*: O que é – O que não é. Petrópolis: Vozes, 2012.

100 – *Jesus Cristo Libertador*: ensaio de cristologia crítica para o nosso tempo. Petrópolis: Vozes, 2012 [Selo Vozes de Bolso].

101 – *O cuidado necessário*: na vida, na saúde, na educação, na ecologia, na ética e na espiritualidade. Petrópolis: Vozes, 2012.

102 – *As quatro ecologias: ambiental, política e social, mental e integral*. Rio de Janeiro: Mar de Ideias, 2012.

103 – *Francisco de Assis* – Francisco de Roma: a irrupção da primavera? Rio de Janeiro: Mar de Ideias, 2013.

104 – *O Espírito Santo* – Fogo interior, doador de vida e Pai dos pobres. Petrópolis: Vozes, 2013.

105 – (com Jürgen Moltmann) *Há esperança para a criação ameaçada?* Petrópolis: Vozes, 2014.

106 – *A grande transformação*: na economia, na política, na ecologia e na educação. Petrópolis: Vozes, 2014.

107 – *Direitos do coração* – Como reverdecer o deserto. São Paulo: Paulus, 2015.

108 – *Ecologia, ciência, espiritualidade* – A transição do velho para o novo. Rio de Janeiro: Mar de Ideias, 2015.

109 – *A Terra na palma da mão* – Uma nova visão do planeta e da humanidade. Petrópolis: Vozes, 2016.

110 – (com Luigi Zoja) *Memórias inquietas e persistentes de L. Boff*. São Paulo: Ideias & Letras, 2016.

111 – (com Frei Betto e Mario Sergio Cortella) *Felicidade foi-se embora?* Petrópolis: Vozes Nobilis, 2016.

112 – *Ética e espiritualidade* – Como cuidar da Casa Comum. Petrópolis: Vozes, 2017.

113 – *De onde vem?* – Uma nova visão do universo, da Terra, da vida, do ser humano, do espírito e de Deus. Rio de Janeiro: Mar de Ideias, 2017.

114 – *A casa, a espiritualidade, o amor*. São Paulo: Paulinas, 2017.

115 – (com Anselm Grün) *O divino em nós*. Petrópolis: Vozes Nobilis, 2017.

116 – *O livro dos elogios*: o significado do insignificante. São Paulo: Paulus, 2017.

117 – *Brasil* – Concluir a refundação ou prolongar a dependência? Petrópolis: Vozes, 2018.

118 – *Reflexões de um velho teólogo e pensador*. Petrópolis: Vozes, 2018.

119 – *A saudade de Deus* – A força dos pequenos. Petrópolis: Vozes, 2020.

120 – *Covid-19 – A Mãe Terra contra-ataca a Humanidade*: Advertências da pandemia. Petrópolis: Vozes, 2020.

121 – *O doloroso parto da Mãe Terra* – Uma sociedade de fraternidade sem fronteiras e de amizade social. Petrópolis: Vozes, 2021.

122 – *Habitar a Terra* – Qual o caminho para a fraternidade universal? Petrópolis: Vozes, 2021.

123 – *O pescador ambicioso e o peixe encantado* – A busca pela justa medida. Petrópolis: Vozes, 2022.

124 – *Igreja: carisma e poder* – Ensaios de eclesiologia militante. Petrópolis: Vozes, 2022.

125 – *A amorosidade do Deus-Abbá e Jesus de Nazaré*. Petrópolis: Vozes, 2023.

126 – *A busca pela justa medida* – Como equilibrar o planeta Terra. Petrópolis: Vozes, 2023.

Conecte-se conosco:

f facebook.com/editoravozes

[O] @editoravozes

🐦 @editora_vozes

▶ youtube.com/editoravozes

(C) +55 24 2233-9033

www.vozes.com.br

Conheça nossas lojas:

www.livrariavozes.com.br

Belo Horizonte – Brasília – Campinas – Cuiabá – Curitiba
Fortaleza – Juiz de Fora – Petrópolis – Recife – São Paulo

EDITORA VOZES — VOZES NOBILIS — Vozes de Bolso — Vozes Acadêmica

EDITORA VOZES LTDA.
Rua Frei Luís, 100 – Centro – Cep 25689-900 – Petrópolis, RJ
Tel.: (24) 2233-9000 – E-mail: vendas@vozes.com.br